서점경영 이렇게 승부한다

서점경영 이렇게 승부한다

지은이 • 노세 마사시(能勢仁)
옮긴이 • 장경룡
초판 1쇄 찍은 날 • 1997년 4월 30일
초판 1쇄 펴낸 날 • 1997년 5월 15일
펴낸이 • 김승태
영업 • 김석주
등록번호 • 제2-1349호(1992. 3. 31)
펴낸곳 • 예영커뮤니케이션
주소 • 110-616 서울 광화문우체국 사서함 1661
    (출판부) T.267-0161~4 F.267-0165
    (출판유통사업부) T.325-7971 F.325-7970
    E-mail Jeyoung @ chollian. dacom. co. Kr.

ISBN 89-8350-601-6

Masashi Nose SHOTEN KEIEI NO SUBETE GA WAKARU HON
Copyright ⓒ 1995 by Masashi Nose
originally published in Japan by YAMASHITA SHUPPAN, Tokyo
Translation Copyright ⓒ 1997 by Jeyoung Communications
This Korean edition is published by arrangement with YAMASHITA SHUPPAN
through ORION LITERARY AGENCY and Imprima Korea Agency

값 6,500원

■ 잘못 만들어진 책은 언제든지 교환해 드립니다.

서점경영 이렇게 승부한다

노세 마사시 지음
장경룡 옮김

예영커뮤니케이션

발행인의 글

1996년 봄, 일본의 출판계와 유통업계를 비교적 자세히 돌아볼 수 있는 기회가 있었다. 일본 출판계를 돌아보면서 우리의 출판계에 비해 체계화 되어 있고, 과학화 되어 있는 것에 대해 많은 부러움을 느꼈다. 아직 우리가 일본에 대해 배워야 할 것이 많이 있음을 새삼 깨달았다. 그래서 일본과 비교하여 뒤져 있는 출판유통 분야에 관한 자료를 찾던 중 이 책을 발견하였다.

이 책은 일본 서점경영의 현실과 과제를 정확히 볼 수 있는 기회를 제공해줄 것이다. 저자 노세 마사시(能勢仁) 씨는 일본 출판계의 산증인이자 서점업계에서 성공한 경영자이다. 따라서 이론이 아니라 아주 현실적인 관점에서 서점 경영에 대하여 논할 수 있는 모든 것을 말해주고 있다. 심지어는 책도둑에 대한 대처 문제까지를 논할 정도이다.

그러나 이 책에서 다루고 있는 내용들은 한국의 출판 현실과 전혀 동떨어진 것들도 상당수 있다. 책값에 소비세가 붙는다든지, 재판매에 대한 철폐 논의, 편의점에서의 판매 비중의 증대, 교외서점의 증가, 실용화 단계에 들어선 부가가치 통신망 등이 그렇다. 따라서 그러한 내용을 아무 여과없이 국내 독자들에게 제공한다면 우리 실정에 맞지 않는다는 비판을 받게 될 것이다. 그럼에도 불구하고 우리가 원본 그대로를 번역해서 출판하는 것은 일본의 도서 유통 체제를 정확하게 이해하기 위해서는 그들의 현실을 있는 그대로 보는 시각도 필요하다는 판단에 근거한다. 그것이 오히려 출판과 서적 유통을 보다 현대화하기 위해

고민하는 한국의 연구자들이 일본의 서점계가 가지고 있는 성공적인 경영의 비결을 무비판적으로 수용하는 데 따른 오류를 줄일 수 있는 길이라고 생각한다.

이 책을 한국어판으로 출판하는 과정에서 어려움을 겪은 것은 원저자가 영어 계열의 외래어를 많이 사용한 것을 어떻게 표기하느냐 하는 문제를 놓고 많은 고민을 하였다. 우리는 원칙적으로 영어에서 온 외래어도 한국말로 표기가 가능한 것은 한글로 표기하도록 노력했고 영어식으로 표기할 수밖에 없는 것에 한하여 제한적으로 수용하였다. 그리고 일본의 서적 유통 상황을 있는 그대로 옮기다 보니 독자들이 이해가 어렵다고 판단되는 부분이 상당수 발견되었다. 이런 이유로 역자 외에 출판 컨설턴트인 금진우 교수에게 감수를 의뢰하여 주해를 붙여 독자들의 이해를 돕도록 노력하였다.

출판이 산업사회 속에서 자기의 역할을 제대로 하려면 자유시장 체제에서 자생력을 가져야 한다. 산업사회에서 사업은 상당히 복잡한 상황이 얽혀져 있다. 따라서 복합적인 요소의 역학관계와 함께 사업의 방향을 잡아가는 것이 중요하다. 오늘날과 같이 출판 환경이 급변하는 상황 아래에서는 더욱 그렇다. 따라서 한국 출판 산업에서 가장 취약한 부분인 유통과 마케팅을 포괄하는 서점 경영의 총체적인 연구서로 이 책은 한국의 서점 경영자나 출판 영업자들에게 기여하는 바가 클 것이다.

한마디로 한국 출판의 미래는 서점의 현대화에 달려 있다. 그러나 서점의 발전 방향은 복합화나 편의점 판매 등과 같이 출판사들에게 불리한 쪽으로 나아가고 있다는 것도 출판계는 직시하여야 한다. 복합서점이나 편의점은 대중적인 책의 판매에만 기여하고 중량감 있는 좋은 책을 판매할 수 있는 대안을 제공해주지 못한다. 따라서 서점의 대형화나 체인화만이 그러한 문제를 풀어줄 수 있다. 그러나 우리와 같이 경영에 관하여 비전문적인 시각을 가진 서점 경영자들이 서점 경영을 이끌어가는 현실이 극복되어야 대형서점, 체인서점에 대한 모색이 활발해질 것이다. 만약 그러한 문제가 기존의 서점 경영자들에 의해 극복되지 않으면 한국의 서점 유통은 외국의 출판기업이나 대기업의 체인점에 내주고 말 것이다.

이제 한국의 출판은 세계로 나아가야 한다. 그러기 위해서는 산업사회에서 부가가치를 창출하고 시대의 지성과 양심을 이끌어갈 수 있는 힘을 가져야 한다. 그 힘의 원천이 바로 고도의 경영능력이며 세계의 출판계와 당당하게 어깨를 나란히 해나가는 것이다. 그러기 위해서 우리는 지금 공부해야 한다. 출판 선진국들의 산업에 대해 바로 배우고 그들을 능가할 수 있는 힘을 가져야 한다. 예영커뮤니케이션에서 출판하는 〈출판·편집총서〉는 세계 속의 출판인이 되고자 하는 전문 출판인들에게 그러한 비전을 심어주는 중요한 도구가 될 것이다.

1997. 4. 10.

김승태

머리말

1993년에 등장한 호소카와(細川) 내각에서 정치를 개혁해야 한다는 주장이 나온 후, 왜소해진 형태로 '소선거구제'가 성립됐고, 다음에는 경제 개혁의 싸구려 상품으로 '규제 완화'라는 것이 등장했다. 그 중 한 항목에 재판제도(再販制度)[1]를 다시 수정한 내용이 들어 있고, 공정거래위원회는 재판을 철폐해야 한다는 방향으로 의견을 수렴해 갔다. 1995년 출판업계는 확실히 이 문제에 대한 논란만을 일년 내내 계속했다고 해도 지나친 말이 아니다.

출판업계, 신문업계는 말할 것도 없고, 매스컴, 저자, 독자, 도서관 등의 관심도 높아졌다. 경제법 중 하나인 독점 금지법의 조문을 개정하는 일에 이 정도로 논란이 집중된 것은 출판물에서 정가가 제외되는 일이 얼마나 중대한 의미가 있는지를 말해 주는 증거이다.

재판을 철폐해야 한다는 방향으로 논의가 기울어진 직접적인 원인이 규제 완화이거나 일미구조협의(日美構造協議)였는지는 모르지만, 한편으로는 출판업계 내부에서 변혁이 진행되고, 유통 사정도 변화했으며, 독서 경향이 변모한 데서 오는 자극도 결코 부인할 수 없다.

그 중에서도 출판업계 안에서 마치 가격파괴 현상이 실제로

---

1) 재판제도(再販制度): 매입한 상품을 다시 다른 곳에 판매하는 행위를 일컫는다. 문제의 초점은 이 경우 발생하는 재판매 가격이다(28쪽 참고).

일어나고 있는 듯한 착각을 일부 독자가 한 것만은 사실이다. '새로운 헌 책'이라는 책의 유통이 바로 그것이다. 그러나 이것은 책의 리사이클 운동을 펴나가는 과정에서 발생한 하나의 부산물 같은 현상이지, 출판물의 가격이 자유화된 것은 아니었다.

공정거래위원회가 지적한 경쟁 원리의 도입과 아울러 흔히들 주장하는 것은 독자 쪽의 요구를 충족시킬 수 있는 환경을 조성해야 한다는 의견이다. "원하는 책을 손쉽게 구입할 수 없다", "구입하는 시기가 늦다"는 의견은 출판업계가 해결해야 할 중요한 문제였다. 그러나 이 문제도 출판 정보의 기반을 정비하는 일의 한 가지인 출판사, 도매점(총판처), 서점에 의한 업계 VAN(부가가치 통신망)에 의해서 방향이 잡히기 시작했다. 서점에서 들어오는 주문 정보를 신속히 처리할 수 있고, 주문품의 배달 기간을 3~7일 단축할 수 있을 뿐만 아니라, 책이 들어올 시기를 사전에 알 수 있는 효과가 나타나기를 업계에서는 기대하고 있다.

한편 상품의 유통면에서도 속달편을 이용한 상품 배송이 해마다 증가하고 있고, 읽고 싶을 때 구입할 수 있는 방법에 대해서 연구들을 하고 있다. 주문 방법도 퍼스컴 통신에 의한 발주(發注)가 일부 서점에서 실시되고 있다. 서점 창구가 24시간 영업을 개시했다고 해도 지나친 말은 아니다.

또 독자는 발주뿐만 아니라 화면상(畵面上)으로도 소설이나 엔터테인먼트(오락, 연예)를 즐기는 시대가 되어 가고 있다.

출판업계가 이러한 변혁기에 놓여 있는 가운데 서점은 어떻게 해야 할 것인가를 다시 한번 생각해 볼 필요가 있다. 이 책에서는 서점으로서의 기본적인 부분을 확실히 할 수 있도록 나의 의견을 서술해 보았다.

서점의 형태도 전업형(專業型) 서점[2]과 복합형(複合型) 서점[3]이 공존하게 되었다. 그러나 출판물의 취급이나 인식은 완전히 공통되는 것이며, 반대로 유통이 여러 갈래로 나뉠수록 서점의 근간을 잘 알지 않으면 안 된다.

정보 미디어가 변하고, 서점 경영의 환경도 눈이 휘둥그래질 정도로 변했으나, 여전히 서점 개업을 희망하는 사람이 많다는 말도 듣고 있다. 이 책이 그러한 사람은 물론이고 독서에 관심이 높은 사람, 도서관에서 일하는 사람, 전부터 서점을 경영해 오고 있는 사람 등 모든 업계의 사람에게 읽히면 다행이라고 생각한다.

이 책이 나오기까지 야마시타 출판사의 다카하시 야스지(高橋康二) 씨의 도움을 많이 받았다. 이 자리를 빌어 감사해 마지않는다.

헤이세이(平成) 8년 2월
노세 마사시(能勢仁)

---

2)전업형 서점: 말 그대로 책만을 상품으로 취급하는 서점
3)복합형 서점: 서적 외에도 다양한 상품을 갖추고 판매하여 실 매출도 분할되어 있는 점포

차례

이제 한국의 출판은 세계로 나아가야 한다.
그러기 위해서는 산업사회에서 부가가치를 창출하고
시대의 지성과 양심을 이끌어갈 수 있는 힘을 가져야 한다.
그 힘의 원천이 바로 고도의 경영능력이며 세계의 출판계와
당당하게 어깨를 나란히 해나가는 것이다.
그러기 위해서 우리는 지금 공부해야 한다.

●

제1장

서점업계가 변해 가고 있다

서점의 대형화와 편의점 등의 신규 참여

신문을 보고 있으면 출판물 광고가 나오지 않는 날이 하루도 없고 중앙지 조간에는 반드시 많은 지면에 서적이나 혹은 잡지 광고가 실려 있다. 이것은 우리의 일상 생활 속에 책이나 잡지가 필수품으로 자리하고 있다는 증거이다.

일상생활의 행동 양식도 변화하고 있다. 소비 생활 속에서 편의점(CVS)을 이용할 기회가 많아졌는데, 잡지나 주간지들을 그곳에서 구입하는 사람이 많아졌다. 1994년 일본의 데이터[4]에 의하면, 편의점을 통한 출판물 판매액은 3천 848억 엔으로 전체의 15.1%에 달한다. 그 중에서도 세븐-일레븐에서 팔린 출판물 매출액은 1천173억 엔으로 기노쿠니야 서점(紀伊國屋書店)을 제치고 일본 제일의 점포가 되었다. 판매 시장이 크게 변화하고 있다는 증거이다.

서적이나 잡지를 판매하는 점포가 점차 늘어나는 추세인데, 서점업계에 다른 기업이 참여하기 시작한 것은 1980년 무렵부터였다. 일본 통산성(通産省)의 상업 통계 조사(91년도 현재)에 의하면 전국에 2만 7천 804개소의 점포가 있으며, 그 중에서 서적, 잡지가 주력 상품인 이른바 '서점'(책방)이 1만 1천 286점포(닛쇼렌(日書連) 조사, 94년 10월 현재)로 되어 있다.

---

4)『출판물 판매액의 실태와 그 분석』, 다케하나 오사무(武 修) 지음, 일본 출판 판매 간행, 1995년, <표 4> 참조.

통산성의 통계 중에는 고서점도 들어 있다. 일본 고서점 조합에 가입한 점포는 약 3천점이다. 신간을 취급하는 서점으로 일본서점상업조합연합회(닛쇼렌)에 가입한 점포는 1만 1천 286점 (94년 현재)이다.

서점 조합에 가입하지 않은 서점도 많은데, 그런 서점까지 합치면 전국의 서점수는 약 2만 곳이 될 것이다.

1945년 당시 서점수가 3천 곳 전후였던 것을 생각하면 서점 수가 얼마나 많이 증가했는지 알 수 있다. 일본서점상업조합연합회(닛쇼렌)에 가입한 서점의 전국 분포는 <표 1>과 같다. 서점수가 많은 순으로 보면, 도쿄(東京) 1천 229곳, 오사카 부 (大阪府) 740곳, 가나가와 현(神奈川縣) 651곳, 아이치 현(愛知縣) 575곳, 홋카이 도(北海道) 507곳, 후쿠오카 현(福岡縣) 505 곳으로 이어진다.

작은 쪽을 보면, 돗토리 현(鳥取縣) 40곳, 시마네 현(島根縣) 65곳, 가가와 현(香川縣) 67곳, 도쿠시마 현(德島縣) 70곳, 고치 현(高知縣) 74곳이다.

서점의 매장 면적은 해마다 커지고 있다. 1991년 일본서점상업조합연합회가 조사하여 발행한 『서점 경영 백서』에 의하면 1990년도 서점의 매장 면적은 20.5평이었다. 그러나 5년 후인 1994년도의 평균 면적은 35.3평으로 172%나 확대되었다.

매장 면적이 넓어진 원인은 최근 도심 외곽에서 문을 연 '교외형'(郊外型) 서점[5], 체인 서점의 매장이 대형이기 때문이다. 여기에 덧붙여 말하면 1994년 1년간 새로이 문을 연 서점은 725곳이고, 총 매장 면적은 5만 평이 좀 못 된다. 한 점포당 70 평 되는 규모이다.

대형화의 원인은 서점이 교외화하여 주차장을 갖게 되고, 상

---

5) 교외형 서점: 도시 외곽에 넓은 매장과 주차장을 갖춘 복합형 서적 매장

품 구성이 다양화, 복합화하기 때문에 매장 면적이 자연히 커지는 것이다.

매장 면적과 관계가 깊은 것은 상품 구성, 취급 상품이다.

신간 서점일 경우에는 서적과 잡지를 주로 취급한다. 그러나 서점은 학생이 많이 모이는 업종이기 때문에 문방구, 레코드,

<표 1> 도도부현별(都道府縣別) 소매 서점수

홋카이도(北海道)	507	도쿄(東京)	1,229
아로모리(青森)	141	가나가와(神奈川)	651
이와테(岩手)	168	니이카타(新潟)	196
미야키(宮城)	334	도야마(富山)	143
아키타(秋田)	126	이시가와(石川)	137
야마가타(山形)	102	후쿠이(福井)	92
후쿠시마(福島)	189	나가노(長野)	180
이바라키(茨城)	248	야마나시(山梨)	79
도치기	186	기후(岐阜)	140
군마(群馬)	126	시즈오카(靜岡)	436
사이타마(埼玉)	488	아이치(愛知)	575
지바(千葉)	374	미에(三重)	193
시가(滋賀)	107	가가와(香川)	67
교토(京都)	389	에히메(愛媛)	144
오사카(大阪)	740	고치(高知)	74
효고(兵庫)	377	후쿠오카(福岡)	505
나라(奈良)	159	사가(佐賀)	112
와카야마(和歌山)	124	나가사키(長崎)	148
돗토리(鳥取)	40	구마모토(熊本)	152
시마네(島根)	65	오이타(大分)	102
오카야마(岡山)	155	미야자키(宮崎)	129
히로시마(廣島)	198	가고시마(鹿兒島)	213
야마구치(山口)	97	오키나와(沖繩)	79
도쿠시마(德島)	70	합계	11,286

1994년 10월 현재. 일본서점상업조합(닛쇼렌) 조사.

악기를 취급하는 점포도 많았다. 요컨대 겸업을 하는 점포이다. 최근의 겸업 상황을 지역별, 입지별, 매장 규모별로 살펴보면 <표 2>와 같다.

<표 2> 서점의 겸업 비율

지역별   단위 : %

| | 물품판매 | | | | | | 서비스 등 | | 합계 |
	책	문구	셀CD	공테이프	게임소프트	기타	AV대여	기타	
전국 평균	82.0	9.5	1.1	0.3	1.4	1.0	4.5	0.2	100.0
3대 도시권	81.9	9.5	0.1	0.2	2.4	1.0	4.8	0.1	100.0
지 방	82.0	9.5	1.9	0.4	0.6	1.2	4.2	0.2	100.0

입지별   단위 : %

| | 물품판매 | | | | | | 서비스 등 | | 합계 |
	책	문구	셀CD	공테이프	게임소프트	기타	AV대여	기타	
전국 평균	82.0	9.5	1.1	0.3	1.4	1.0	4.5	0.2	100.0
역사 · 역전	85.7	6.8	1.6	0.0	1.8	1.3	2.5	0.3	100.0
상점가	83.2	11.7	1.6	0.1	1.5	1.4	0.4	0.1	100.0
쇼핑센터 내	93.9	5.7	0.0	0.0	0.0	0.4	0.0	0.0	100.0
주택가	89.1	3.8	0.0	0.0	4.2	1.7	0.0	1.2	100.0
교 외	70.9	13.4	1.1	0.9	1.2	0.9	11.6	0.0	100.0

매장규모별   단위 : %

| | 물품판매 | | | | | | 서비스 등 | | 합계 |
	책	문구	셀CD	공테이프	게임소프트	기타	AV대여	기타	
전국 평균	82.0	9.5	1.1	0.3	1.4	1.0	4.5	0.2	100.0
20평 이하	97.0	0.2	0.0	0.0	0.0	2.8	0.0	0.0	100.0
21~50평	93.0	4.0	0.6	0.0	2.0	0.3	0.1	0.0	100.0
51~100평	82.4	7.0	1.9	0.4	1.3	1.9	4.6	0.5	100.0
101~200평	73.7	13.4	0.2	0.6	1.8	0.6	9.6	0.1	100.0
201평 이상	71.5	21.2	2.3	0.1	0.7	0.9	3.3	0.0	100.0

분점(分店) 상황의 변화를 살펴보자

연간 1천 곳의 폐업, 전업이 있다고 일본서점상업조합연합회에 보고되어 있는 한편, 분점이 여전히 속출하고 있는 현상을 놓쳐서는 안 된다. 그 현상의 중심은 중소 서점의 폐업에 대해서 체인점, 대형화, 교외형 서점, 복합형 서점의 분점은 계속 증가하는 것이라 하겠다. 점포수로 따지면 결국 감소했지만, 매장 면적은 도리어 늘어나는 경향이 있어서, 폐업점의 평균 평수가 20~30평임에 반하여, 신생 서점의 평균 평수는 70평을 웃돌고 있다.

앞에서 잡지 매출액 최고를 기록한 세븐-일레븐에 대해서 말했거니와, 편의점 전체의 성장을 다케하나 오사무(武修)가 쓴 『출판물 판매액의 실태와 그 분석』에 나오는 8년 간의 기록을 참고해 보면, 3대 서점에 속하는 편의점 그룹의 성장을 잘 알 수 있다(<표 3>).

<표 3> 편의점 3사 서적, 잡지 매출액

단위 : 엔·점

	1987년	1988년	1989년	1990년	1991년	1992년	1993년	1994년
세븐-일레븐								
매출액	479억	549억	617억	803억	724억	1,015억	1,089억	1,173억
점포수	3,304	3,574	3,893	4,183	4,552	4,974	5,401	5,809
로손								
매출액	182억	218억	441억	535억	634억	706억	747억	861억
점포수	1,820	2,083	3,451	3,686	3,933	4,317	4,710	5,112
패밀리마트								
매출액	157억	185억	255억	307억	320억	351억	379억	418억
점포수	1,186	1,426	1,664	1,852	2,073	2,260	2,477	2,695

다케하나 오사무의 『출판물 판매액의 실태와 그 분석』(日販) 중에서.

급속도로 성장한 편의점과 교외형 서점의 탄생, 발전

1959년부터 17년간 지속한 업계 신장률 두 자리수 유지는 1976년에 끝났다. 오일 쇼크 후 4년 째의 일이었다. 1976년 이후 1995년 현재까지 20년 간 업계의 신장률은 조금밖에 증가하지 않았다.

그러나 20년 간 서점의 경영 환경은 변했다.

교외형 서점의 대두, 복합점의 증가, POS[6]의 도입, 대형화, 체인점화, 대여 사업, 편의점의 대두 등이 주된 변화이다.

1974년에 세븐-일레븐 1호점이 도쿄 고토 구(江東區) 도요스(豊洲)에 개점되었다. 이로부터 불과 20년이 조금 지난 오늘날 편의점의 성황을 볼 수 있게 되었다. 이렇게 되리라고 누가 상상할 수 있었겠는가? 소비 혁명, 소비 생활의 변화, 라이프 스타일의 변화에 의해서 편의점은 시민 생활에 없으면 안 되는 것이 되었다.

편의점은 특히 젊은이에게는 생활의 일부가 되었다. 출판업계에서 잡지와 서적의 분화가 진행되기 시작한 것은 편의점에서 잡지를 취급하기 시작한 때부터이다.

시대 배경을 살펴보면, 1970년대의 자동차 붐, 1980년대의 호경기와 지가(地價) 앙등, 생활 시간의 심야화(深夜化)에 따라 산업계, 유통계, 서비스업은 크게 변했다.

서점의 경우에 종래 가장 많이 성장했던 좋은 입지 조건의 대형 서점이 상업지의 지각 변동으로 지반 침하(地盤沈下)를 일으키기 시작했다.

즉 자동차의 급증으로 종래의 역 주변과 같은 최고 요지, 상

---

6) POS: (Point of Sales, 판매시점 관리): POS시스템으로써의 기능을 말하며, 상품이 팔린 시점에 판매되는 제품에 관한 각종 정보를 컴퓨터에 기록하여 판매를 관리하는 것을 말한다.

업지역은 차를 타고 가서 물건을 사기에 불편한 지역이 되었다. 거기에 땅값까지 급등하여 상점가의 중심이나 역근처, 역사(驛舍) 등의 지역에 시점 분점을 열려면 보증금, 땅값, 집세 등이 극단적으로 올라서 투자 채산이 맞지 않았다.

이와는 반대로, 땅값이 싸서 넓은 부지에 넉넉하게 점포를 내고 주차장을 완비하는 서점이 등장했다. 이것이 교외형 서점이다.

서점이 교외에 진출하기 전에 이미 외식 산업, 슬롯머신점, 신사복점, 안경점, 중고차점 등이 넓은 주차장을 마련할 수 있는 교외에 눈을 돌려 분점을 내고 있었다. 근무지와 주택지를 연결하는 노선상에 점포가 생겨나기 시작한 것이다. 따라서 로드사이드 비즈니스(roadside business)라고 불렸다.

교외 지대는 바야흐로 '황금의 나라'처럼 인기를 끌어 고급점도 진출하고, 쇼핑 센터도 분점을 내게 되었다.

그러는 동안 노동 시간도 단축되고 주휴(週休) 2일제가 도입되어 생활 시간의 심야화에 젊은이들이 익숙해졌다. 교외형 서점은 거친 바다를 항해하고 돌아오는 선원들의 안식처인 항구처럼 젊은이들의 편안한 휴식처가 되었다.

독서 지향이 시각화하는 과정에서 대부분의 교외형 서점은 비디오 대여업을 겸하는 일이 많아졌다.

1984년에는 교외형 서점의 분점이 연간 759개소로 늘어나 절정에 이르렀다. 이같은 발전·전성기는 약 5년 만에 끝나고 하강하기 시작했다. 비디오 대여업도 한창 때를 지난 것이다.

한 분점당 재고 비디오 개수는 3천 개에서 5천 개로, 그리고 8천 개로 해마다 급속히 불어나 비디오점의 경쟁이 격심해졌는데, 이용자 쪽에서 보면 자기가 원하는 분야만 시청할 수 있으면 그만이어서, 그 분야를 빌려다 보기만 하면 당연히 점포를 떠나는 현상이 일어나기 마련이다.

대여점끼리의 경쟁에 패배하여 폐업하는 점포도 1980년대 후

반에 나타났다.

대여점에서 취급하는 것이 비디오에서 CD로 확대되었다. 그러나 CD는 저작권 문제로 새로운 악보의 대여점에 제한이 가해졌기 때문에 판매용 CD가 급속도로 성장했다. CD를 취급하는 서점이 많아진 것이 이 무렵부터이다.

1980년에 일본의 닌텐도(任天堂)에서 가정용 컴퓨터를 팔기 시작한 이래 게임기, 게임 소프트의 시장이 크게 넓어졌다. 교외형 서점에서도 비디오, CD 외에 가정용 컴퓨터 소프트웨어를 판매하는 점포가 불어났다.

이와 같이 교외형 서점을 둘러싼 경영 환경이 복잡해졌다.

여기서 교외형 서점의 특색을 살펴보면 다음과 같다.

① 주차장이 마련되어 있다.

② 영업 시간이 심야까지 연장되어 장시간이다.

③ 서적 이외의 상품(비디오, CD, 잡화류, 가정용 컴퓨터 등) 도 취급하고 있다.

요컨대 주차장을 자유로이 활용하는 유치 수단을 가지고 있고, 출판물 이외의 상품도 고객이 희망하는 시간대에 판매하려고 하는 것이 교외형 서점이다.

상품의 복합화에 의한 서점의 경영 혁명

복합형 서점이란 서적 이외의 상품도 취급하는 서점으로 겸업점을 일컫는 말이다. 서두에서 교외형 서점에 대해 말했거니와, 교외형 서점은 거의 대부분의 경우 복합형 서점이다.

교외형 서점은 1980년대 후반부터 폭발적으로 발전했는데, 서점의 복합점은 메이지(明治) 시대부터 있었던 것이어서 결코 새로운 것은 아니다.

그러나 복합형 서점이 주목을 받은 까닭은, 서점이 책 이외의 상품을 함께 취급함으로써 외형적인 단순 이익률을 높일 수 있었던 데 있다. 상품의 복합화로 인해서 서점의 경영 혁명이 일어난 것이다. 쇼와(昭和) 60년대 초 무렵, 서점의 외형적인 단순 이익률은 21.5%가 평균이었으나, 비디오 대여점을 도입한 서점에서는 외형적인 단순 이익률이 40%나 되어 종래의 방법보다 약 2배가 되었다. 이것은 '대여'라는 형체 없는 상품을 판매함으로써 이익을 올리는, 일찍이 서점이 경험한 일이 없는 장사였다. 요컨대 매입한 상품이 없는 장사, 상품을 판매하지 않는 장사를 서점이 도입했던 것이다. 대여 상품을 매입 속에 넣어 함께 계산하지 않고 경비로 처리하기 때문에 상각(償却)한 후의 상품 회전은 외형적인 단순 이익률 100%라는, 서점의 이익률과는 비교할 수 없는 높은 이율이었다.

비디오가 대여 형태로 가정에 보급되기 시작한 것은 쇼와 50년대 후반인데, 이를 전업점 외에 교외형 서점에서도 취급하게 되었다. 그 이유는 교외형 서점이 비디오 외에 잡지, 서적 등 정보의 발진 기지이고, 영업 시간도 길며, 주차장도 완비되어 있어서 갑자기 인기 있는 상점이 되었기 때문이다.

그러나 인기 상품인 비디오도 융성기에서 안정기로 들어섰다. 경합이 격화하여 비디오 대여점의 자연 도태 현상이 나타나고, 1991년에는 2만 8천 5백곳이었던 점포가 1995년 1월에는 1만 5천 5백 곳이 되었다.

복합 상품은 비디오뿐만이 아니었다. 교외형 서점은 그 무렵에 대두하기 시작한 CD를 취급하게 되었다.

CD 대여가 보급된 것은 당연한 일이었다. 교외형 서점에 비디오 대여와 함께 CD 대여가 도입되었다. 그러나 CD 대여는 저작권 문제 때문에 새로운 악보만 대여하도록 제한되어 대여 업무에 찬물을 끼얹은 듯한 상태가 되었다. 그래서 판매용 CD

가 서점에 정착하는 결과가 되어 오늘에 이르렀다.

닌텐도(任天堂)가 가정용 컴퓨터를 판매하기 시작한 지 10년이 되었거니와, 그 후에 팬티엄 컴퓨터를 판매하기 시작하여 가정용 컴퓨터 붐은 절정에 달했다. 1995년 현재는 최고 전성기 시절의 60% 전후밖에 안 되는 소프트웨어를 매출하고 있지만, 다음 세대 기종의 게임기로 마쓰시타(松下)전기산업에서 '3DO 리얼', 소니에서 '플레이 스테이션', 세가에서 '사탄'이 발매되어 게임 업계에 활기가 일어났다.

서점의 복합 상품으로 가정용 컴퓨터 소프트를 판매하는 점포가 늘어났다. 새로 나온 소프트웨어와 공략 상품으로 나온 서적이 연동하여 판매되기에 이르렀다. 그리고 롤플레잉 게임에 관한 서적이나 잡지를 취급하는 일은 복합형 서점에 유리하게 작용했다.

또 서점의 복합 상품으로 교외형 서점에서 아이스크림, 각종 음료수, 팬시 용품 등을 판매하여 젊은이들의 인기를 얻었다.

매장 면적이 넓은 서점의 경우에 복합 상품을 전개하는 일이 유리해지는 것은 당연하다. 복합 상품은 고객의 수, 고객층에 의해서 결정된다. 상품은 시대와 함께 변화하고 있음을 명심하지 않으면 안 된다. 시대 감각에 대한 판단이 복합 상품을 선택할 때의 어려운 점이다.

제2장

●

서점 · 출판사 · 도매점(총판처)

각 업계의 현재 상황

출판 유통의 주요 통로

저자가 책을 저술하고, 출판사가 책을 만들며, 도매점(총판처)이 전국의 서점에 책을 발송해 주고, 서점을 통해서 독자에게 책이 팔려 나간다. 이 도식이 오늘날 쏟아져 나오는 출판물 유통의 주요 통로이다.

출판사(4,324개사)
  ↓
중개 판매 회사(42개사)
  ↓
서점(27,804점 : 91년 상업 통계 조사에 의거)
  ↓
독 자

주요 통로라고 하는 유통 경로를 통해서 판매되는 출판물의 양은 전체의 70% 전후이다. 1955년 이전에는 이 경로가 95~100%의 시장 점유율 가지고 있었다. 그 후 키오스크, 가판대, 편의점이 대두하여 시장 점유율이 낮아졌다고는 하지만, 이 서점 통로가 주요 경로이며, 정상적인 통로라고 할 수 있다.
1994년 각 경로의 판매 시장점유율은 <표 4>와 같다.

<표 4> 각 경로의 판매 시장점유율

루 트	판 매 액	셰 어	전 년 비
1. 서점 경로	1조 7555.20억 엔	68.8%	1.9% 감소
2. 수출입 경로	248.71억 엔	1.0%	9.0% 감소
3. 생협 경로	513.19억 엔	2.0%	4.6% 증가
4. 할부 판매 경로	247.00억 엔	1.0%	2.9% 증가
5. 스탠드 판매 경로	389.30억 엔	1.5%	1.8% 감소
6. 편의점 경로	3848.88억 엔	15.1%	14.3% 증가
7. 도매 경로	2144.40억 엔	8.4%	26.9% 증가
8. 철도홍제회 경로	551.10억 엔	2.2%	2.6% 감소
계	2조 5497.78억엔	100.0%	2.3% 증가

다케하나 오사무 『출판물 판매액의 실태와 그 분석』(日販) 중에서.

출판사는 종합 출판사와 전문 출판사로 분류된다

출판사의 역사는 오래되었다. 메이지(明治) 초기에 근대 인쇄술이 들어오고, 동시에 종이 제조 기술도 도입되어 제지 회사도 생겨났다. 일본 최초의 잡지라고 하는 ≪서양 잡지≫(1867년)의 창간이 근대적인 출판의 효시라고 할 수 있다.

현대의 출판사 중에서 가장 오래된 것은 호조칸(法藏館), 요시카와 고분칸(吉川弘文館), 완야 서점 등이다. 호조칸은 1850년, 요시카와 고분칸은 1857년, 완야 서점은 1857년에 생겨났다.

메이지 시대로 접어들어 마루젠(丸善) 1869년, 가네하라 출판(金原出版) 1875년, 유히카쿠(有斐閣) 1877년, 슌요도(春陽堂) 1878년, 난코도(南江堂), 우치타로가쿠호(內田老鶴圃) 1879년, 산세이도(三省堂) 1880년, 신신도(堂) 1881년, 도야마보(富山房), 가와데쇼보(河出書房) 1885년 등이 창업되었다.

1930년에 1천 645개였던 출판사 수는 1979년에는 4천 개사

출판사는 제각기 전문성을 따라 출판사끼리 그룹을 형성하고 있다. 그 관계 단체는 다음과 같다[( ) 안의 숫자는 가맹 출판사 수].

잡지 — 일본잡지협회(79개)
아동서 — 일본아동도서출판협회(45개)
그림책 — 일본그림책출판협회(7개)
학습 참고서 — 학습서협회(36개)
사전 — 사전협회(17개)
비즈니스서 — 경영서출판연구회(14개),
　　　　　　　비즈니스도서동아리(13개)
인문서 — 인문회(23개)
사회과학서 — 법경회(法經會)(8개)
역사서 — 역사서간화회(8개)
교육서 — 교육도서출판회(19사), 교육서협회(8개)
이공학서 — 공학서협회(32개)
토목건축서 — 토목건축서협회(10개)
자연과학서 — 자연과학서협회(80개)
농업서 — 농업서협회(13개)
의학서 — 전국의서동업회(145개)
전자서 — 일본전자출판협회(172개)
서적 — 일본서적출판협회(503개)

서점과 밀접한 관계가 있는 도매점(총판처)의 존재

출판사에서 제작된 책을 전국 각처의 서점에 발송해 주는 구실을 해 주는 것이 도매점(총판처)이다. 도매점의 역사는 근대 출판물의 탄생과 동시에 시작했다고 해도 지나친 말이 아니다.

1878년에 신문 판매점인 료메이도(良明堂)가 신문 외에 잡지, 서적을 취급하게 되어 출판물 도매점의 분야를 개척했다. 1886년에 신문, 잡지 판매점인 도카이도(東海堂)가 창업되고, 1891년에 도쿄도(東京堂)가 도매업을 시작했다.

메이지 시대에는 우에다야(上田屋), 시세이도(至誠堂), 분린도(文林堂) 등이 있었다.

다이쇼(大正) 시대에는 정가 판매제와 위탁 판매제가 실시되어 출판업계가 활발해졌는데, 도쿄도, 호쿠류칸(北隆館), 도카이도, 우에다야, 시세이도가 활약했다. 1925년에는 우에다야와 시세이도가 합병하여 다이토칸(大東館)을 설립했는데, 이 때부터 도쿄도, 호쿠류칸, 도카이도, 다이토칸의 4대 도매점 시대가 되었다.

1941년 5월에는 출판물의 일원적인 배급 기관인 일본출판 배급주식회사 '닛파이(日配)'가 설립되었는데, 전시 체제하에 출판 신체제에 의거하여 4대 도매점을 비롯하여 전국 242개에 이르는 도매업자가 강제적으로 해산·통합되었다. 닛파이는 1944년에 통합 회사가 되고, 이듬해의 패전 후 다시 상사 회사(商事會社)로 복귀했다. 그러나 1948년에 과도 경제력 집중 배제법(過度經濟力集中排除法)에 의해서 분할 지정을 받았고, 다시 1949년 3월에는 폐쇄 기관으로 지정되어 1950년에 폐쇄가 완료되었다. 그 동안 구리타(栗田) 서점을 비롯하여 수많은 도매점이 창업 또는 재창업, 1949년 가을에는 도한(東販), 일본출판판매 '닛판(日販)', 오사카야(大阪屋), 닛쿄한(日教販), 주오샤(中央社) 등 도쿄 4대 회사, 지방 5대 회사의 도매점이 잇따라 창업하여 오늘날의 도매업계를 형성해 갔다.

1994년 각 도매점의 매출액은 다음과 같다.

도한 - 7천 92억 2천 4백만 엔

닛판 - 6천 834억 2천 7백만 엔

오사카야 - 1천 1억 7천만 엔

구리타 출판 판매 - 695억 7천 7백만 엔

닛쿄한 - 404억 8천 6백만 엔

주오샤 - 399억 1천만 엔

다이요샤 - 462억 4천 3백만 엔

도매점(총판처)에는 여러 가지 기능이 있다

도매점은 출판사와 서점 사이에서 상품을 유통시키는 구실을 한다. 도매점의 기능에 대해서 알아보자.

(1) 매입 물류 기능(買入物流機能)

출판사에서 제작된 신간 서적, 잡지를 전국 각처의 소매 서점, 편의점, 가판점, 도서관, 대학 등에 유통시키는 기능이다. 출판 광고에 일치하도록 유통시키기 위해서 계획 반입, 계획 출하가 조직적으로 이뤄진다. 잡지는 정해진 발매일에 맞춰 물류를 하고, 서적에 대해서는 출판사가 발매 시기를 결정하며, 도매점은 반입일을 지정한다. 그 날에 출판사와 도매점이 합의한 부수를 반입한다.

도매점은 소매 서점에 대해서 납품서를 제작하여 자동차나, 배 편 등을 이용하여 물류한다.

(2) 상거래 기능

신간 서적, 잡지를 배송(配送)하는 물류 기능과는 달리, 서점으로부터의 주문, 예약, 보충 등에 응하는 거시 상거래 기능이다.

연간 4만 점 가까이 발행되는 신간에 대해서는 견본을 배본하는 정도로 밖에는 물류시킬 수 없는 것이 현재의 상황이다. 베스트 셀러라 할지라도 초판은 5천부 전후에서 출발한다. 출간되어 독자의 평가를 받아 평판이 좋으면 매스컴 등에서 자연스럽게 광고가 되어(Publicity)[8] 베스트 셀러가 되는 것이다. 그래서 주문이 쇄도하는 바람에 베스트 셀러가 배송되지 않는다는 수많은 서점의 불평이 나오기 시작한다.

대부분의 출판사는 초판분은 전부 출하하지 않고 일부를 남겨두었다가 배본한 후의 초판 주문분에 대응하는 일이 많다. 주문량, 시장 반향, 매스컴에서 다뤄지는 상황을 감안하여 '중판을 할 것인가, 몇 부나 찍을 것인가'를 결정하게 된다.

이 시점에서 도매점의 매입 담당자는 이미 서점 주문과는 별도로 부수를 확보하기 위해서 동분서주하게 된다. 위탁 제도라는 숙명 때문에 주문 부수와 실제로 팔리는 부수와의 사이에는 놀라운 차이가 생기게 된다.

상거래 흐름은 다음 세 가지 종류로 분류된다.

① 객주 상품 대응(客注商品對應)

객주 상품은 우편 주문, 전화 주문, 팩스 주문 등 어느 한 가지 방법으로 주문해 온다. 가장 긴급히 배송해야 할 책이지만,

---

8) Publicity: 공시(公示) 등으로 불리기도 하는 전달의 한 기능이다. 여기서는 '광고주가 드러나지 않게 하는 광고'란 뜻으로 쓰였다.

도매점에서는 출판사 유통 창고에 연락하여 가져오게 되므로 날짜가 걸리고 만다.

② 보충 주문 상품

서점의 상품 구성에서 신간 서적이 아닌 책은 서점의 상품 진열 방침에 따라 책꽂이에 진열될 책이 정해진다. 스테디 셀러[9] 상품이나 사서류 같은 기본 상품은 판매되면 보충해 놓는다. 요컨대 팔리는 책일수록 상품 회전율이 높아진다. 평범한 매입이지만, 베스트 셀러를 뒤쫓아가기보다는 서점의 근간을 육성하기 위해서 필요한 주문이다.

③ 가망 주문 상품

베스트 셀러, 신문 광고에 나온 책, 화제가 된 책 등 서점의 맨 앞머리에 속하는 매입 상품이다.

도매점에서는 수많은 서점에서 들어오는 주문에 일일이 다 응할 수 없어서 수량을 줄여서 배송하는 일이 많다. 상거래 중에서 도매점이 가장 골치를 앓는 것이 가망(可望) 주문에 대한 대응이다.

(3) 금융 기능

출판사가 판매하고 도매점이 매입한 상품의 대금은 도매점(총판처)이 서점에서 수금하여 출판사에 지불하는 시스템으로 형성되어 있다. 이것이 도매점의 금융 기능이다. 만일 도매점이 존재하지 않는다면, 각 출판사는 전국의 서점에 상품을 배송하고 그 대금을 회수하느라 골머리를 앓을 것은 뻔한 일이다.

---

9) 스테디 셀러: 장기적으로 꾸준히 팔리는 책

　도매점이 서점에 보내준 상품의 대금을 청구·회수하는 것이
1차 기능이다. 종래는 집금 업무(集金業務)였으나 현재는 각 도
매점에서 지정한 은행 계좌에 지정일까지 불입하는 것이 원칙이
다. 도매점은 2차 기능으로, 거래하는 각 출판사에 대해 정해진
거래 조건에 따라 지불하게 된다.

(4) 정보 유통 기능

　도매점은 출판업계의 중심적인 입장에 있으므로 각 출판사로
부터 신간 정보, 대형 기획 정보, 베스트 셀러 정보, 스테디 셀
러 정보 등이 모두 들어온다. 이 정보를 정리하여 전국 각지에
있는 거래 서점에 전해 주는 정보 기능을 지니고 있다.
　또 도매점에서 독자적으로 시장에서의 상품 판매 조사, 베스
트 셀러 순위, 업계에서 화제가 되고 있는 정보도 정기적으로
서점, 출판사에 유통시키고 있다. 일반적으로 앞에서 말한 정보
는 각 도매점에서 제작한 도매점 정보지에 의해서 주(週) 단위로
전해진다.

(5) 교육·연수 기능

　이전부터 판매해 온 서점을 위한 연수, 신입 사원의 교육,
경영에 관한 상담, 지도, 점포의 증축과 개축에 관한 상담 등
의 창구가 설치되어 있어서 그런 문제에 대해 대응하는 기능이
있다.
　새로 서점을 개업하고 싶어하는 사람을 위한 상담 기능도 있
다. 시장 조사, 투자 채산 예상, 분점을 지도하는 기능도 있다.

신규 분점은 체인점이 중심 - 서점업계의 현재 상황

일본서점상업조합연합회에 가맹한 서점은 1994년 3월 현재 1만 1천 286곳이다. 전업하거나 폐업하는 점포가 있어서 점포수는 감소하는 경향이 있으나, 실제의 매장 면적은 신규 분점의 한 점포당 면적이 크기 때문에 확대되어 가고 있는 형편이다.

신규 분점은 내셔널 체인점, 리저널 체인점, 네이버푸드 체인점 등 체인 서점이 유리한 점을 이용하여 잘해 나가고 있다.

기노쿠니야 서점(紀伊國屋書店)[본사 : 도쿄 신주쿠 구(新宿區)], 아사히야 서점(旭屋書店)[본사 : 오사카 부 오사카 시], 산세이도 서점(三省堂書店)[본사 : 도쿄 지요다 구(千代田區)], 유린도 서점(有隣堂書店)[본사 : 가나가와 현 요코하마 시(横浜市)], 야에슈(八重洲) 북센터[본사 : 도쿄 주오 구(中央區)]등의 체인 대형 서점은 점포를 활발히 전개하고 있는데, 그 지명도(知名度)를 이용한 분점이 다른 서점보다 유리하게 전개되고 있다.

도쿄, 오사카 이외의 도시에서도 유명한 서점의 지방 분점은 장사를 활발히 잘해 나가고 있다. 헤이안도(平安堂)[나가노 현(長野縣) 나가노 시], 분쿄도(文敎堂)[가나가와 현(神奈川縣) 가와사키시(川崎 市)], 산요도 서점(三洋堂書店)[아이치 현(愛知縣) 나고야 시(名古屋市)], 아카리야(明屋)[에히메 현(愛媛縣)마쓰야마 시(松山市)], 게이분샤(啓文社)[히로시마 현(廣島縣) 오노미치 시(尾道市)], 미야와키 서점(宮脇書店)[가가와 현(香川縣) 다카마쓰 시(高松市)], 헤다 서점(戸田書店)[시즈오카 현(靜岡縣) 시미즈 시(淸水市)], 메이린도 서점(明林堂書店)[오이타 현(大分縣) 오이타 시], 이마이 서점(今井書店)[돗토리 현(鳥取縣) 요나고 시(米子市)], 분신도 서점(文眞堂書店)[군마 현(郡馬縣) 마에바시 시(前橋市)] 등의 서점들이 눈에 띄게 활동하고 있다.

체인 서점은 레귤러 서점[10]과 프랜차이즈 서점[11]의 두 가지로 나뉜다.

현재 레귤러 서점으로 점포수가 가장 많은 것은 분쿄도(文敎堂)이다. 95년 3월 현재 간토(關東) 지구를 중심으로 130개 점포가 있다. 애당초 가나가와 현 안에 있는 지역 체인 서점이었던 분쿄도가 현재는 간토 전 지역과 시즈오카 현까지 포함한 커다란 체인으로 발전하게 되었다. 해마다 발표되는 체인점의 증가로 보면 업계 안에서 최고인데, 현재 5백개 점포을 내기로 목표를 정하고 있어서, 일본 서점 중에서는 엄청나게 많은 수의 체인점을 갖게 될 전망이다. 1천 15곳을 낸 미국의 돌턴 서점, 765곳을 낸 월든 서점에 이어 세계 3위의 서점이다. 한눈을 팔 수 없도록 나날이 늘어나는 분점 상황이다. 1994년 7월 도쿄의 점두 시장(店頭市場)에 상장(上場)한 자금을 얻고 있으므로 앞으로도 더욱더 분점이 많이 나오리라고 예상된다. 현재의 매출액은 226억엔(94년 4월 현재)이다.

서점업계의 매출 규모는 <표 5>와 같다.

프랜차이즈를 활발히 추진해 온 서점은 헤이안도(平安堂)와 미야와키 서점(宮脇書店)이었다. 1980년대에 두 서점은 서점 전문점으로서 전국적으로 분점을 내기 시작했다. 그 당시에는 비디오 대여점과의 복합형 서점이 성공을 거두고 있었다. 서점의 이익율 혁명이었다. 게다가 땅값 폭등, 자가용 붐의 영향을 받고 기동성의 사업이 갑자기 대두하여 교외형 서점이 속속 탄생하여 성공했다.

특히 비디오 붐은 1980년대에 일어났는데, 1990년대 전반에는 붐이 사라졌다. 교외형 서점의 분점 붐도 식어버렸다.

이와 같은 상황 속에서도 여전히 분점 개설의 열기가 식지 않

---

10) 레귤러(regular) 서점: 모 기업인 서점이 자신의 자본으로 직영 서점을 내는 것
11) 프랜차이즈(Franchise)서점: 본 점에서 제시한 조건에 따라 계약으로 같은 상호를 쓰는 서점을 내게 되는 것으로 계약 서점이라 할 수 있다.

<표 5> 서점의 매출액 순위

	본사	매출액 (100만 엔)	신장률 (%)	경영이익 (100만 엔)	점포수
마루젠(丸善)	도쿄	1,274억 34	2.1	22억 57	38
기노쿠니야 서점(紀伊國屋書店)	도쿄	1,008억 22	3.5	46억 03	34
유린도(有隣堂)	가나가와	402억 18	0.2	1억 19	28
TSUTAYA도쿄	도쿄	386억 70	—	—	316
리푸로	도쿄	318억 70	5.9	1억 29	35
분쿄도(文敎堂)	가나가와	226억 18	16.8	3억 45	120
산세이도 서점(三省堂書店)	도쿄	202억 13	2.2	1억 68	16
헤이안도(平安堂)	나가노	183억 74	—	1억 30	102
아시네	오사카	182억 39	6.1	—	158
분신도 서점(文眞堂書店)	군마	116억 19	15.9	2억 75	39
중크도 서점	효고	80억 48	9.1	2억 18	9
호린도 서점(芳林堂書店)	도쿄	79억 90	5.0	1억 22	8
헤다 서점(戶田書店)	시즈오카	77억 55	4.6	1억 36	54
메이린도 서점(明林堂書店)	오이타	74억 65	—	2억 02	51
부크란도가스미	이바라키	60억 28	14.2	—	22
후쿠케(福家書店)	도쿄	50억 09	▲7.3	—	15
요무요무	도쿄	36억 03	15.2	22	20
닛신도서점(日進堂書店)	아이치	34억 56	11.9	—	18
신에이도 서점(新榮堂書店)	도쿄	33억 45	▲1.2	—	10
비스테이숀(산북스 등)	오사카	22억 15	—	—	49
고베북스	효고	15억 17	▲4.1	▲7	3

제22회(1993년도) 「일본의 전문점 조사」(닛케이유통신문) 중에서.
(아사히야 서점(旭書店), 야에슈(八重洲) 북센터는 보고된 것이 없다.)

는 체인점이 있다. CCC·TSUTAYA(Culture Convinience Club·쓰타야 서점(屋書店))가 바로 그런 서점이다. 1994년 3월 현재 비디오 대여 체인점으로는 853점포여서 일본 최대의 규모를 자랑하고 있다. 그 중에서 335곳은 서점 복합점이다. 직영점인 분쿄도와는 달리, 프랜차이즈의 CCC점포라 할 수 있다.

CCC는 인구 4만인 지방에 하나의 분점을 내겠다고 말하고 있으므로, 최종적으로는 3천 곳이 된다. 이 중에서 서점 복합점이 1천 곳이 되면 세계 제2위의 점포수가 된다. 현재 CCC의 서점 매출은 385억이다.

비디오 대여, 판매, 잡지, 서적을 취급하는 CCC는 젊은 층을 판매 대상의 중심에 놓고 앞으로도 더욱더 판로를 확대해 갈 것이다. 복합점의 장점이 발휘되기만 하면 손님을 끌어 모으는 힘도 강해져서 이상적인 체인이 생겨날 수 있을 것이다.

직영점 체인인 분쿄도(文教堂), 프랜차이즈 체인인 CCC는 앞으로 서점업계에 강한 영향을 끼치리라고 예상된다.

서점이 직면한 재판 문제

서점이 도매점(총판처)과 맺는 계약 사항 중에는 재판매(再販賣) 가격 유지 계약이라는 것이 있다. 재판매 가격이란 매입한 상품을 다시 다른 곳에 판매할 때의 가격이다. 도매점(총판처)이 출판사에서 매입하여 이것을 소매 서점에 도매할 때의 가격이나, 소매 서점이 도매점에서 매입한 상품을 독자에게 판매할 때의 소매 가격도 모두 재판매 가격이다.

출판사, 도매점, 소매 서점이 각각 출판사 대 도매점, 도매점 대 소매 서점 사이에 재판 계약을 맺어, 정가 판매 실시의 법적 유지가 1953년 이후에 시행되어 왔다.

재판 계약의 법적 근거는 독점 금지법(獨占禁止法)에 있다. 즉 저작물(서적, 잡지, 신문 등)은 독점 금지법 제24조의 2 제4항에 의거한 재판매 가격 유지 상품이다.

이 재판 제도(再販制度)에 의한 정가 판매는 일본 출판 유통의 특색이다. 이 재판 제도는 1953년 이래 독금법(獨禁法)의 적용에서 제외되는 예라고 인정되어 왔으나, 처음부터 이 제도가 존재할 의의가 있는지 없는지에 대한 논란이 있어 왔다.

공정거래위원회(이하 공거위)는 독금법의 중점 과제라고 인정된 유통 단계에서의 경쟁 촉진책의 하나로서 1978년부터 출판물의 재판 제도를 다시 검토하여 1980년 10월, 다음 사항에 대해 지도해 주었다.

① 모든 출판물이 자동적으로 재판 계약을 하는 점을 개정하여, 출판사의 의사로 재판 계약의 대상이라고 인정하느냐, 않느냐를 결정할 수 있도록 한다(부분 재판).

② 재판 계약의 대상이 된 후에도 출판사의 의사로 계약의 대상에서 제외할 수 있도록 한다(시한 재판).

③ 출판물에 대해서 재판 계약을 한 경우에는 재판 상품임을 표시한다.

④ 재판 계약에 의해서 경품이 딸린 판매를 금지하고 있는 점 등을 개정한다.

공거위는 1980년 출판업계에 대해서 위와 같은 지도를 했으나, 1993년에 이르러 출판업계가 신재판 제도에 대응하고 있지 않다고 판단하여 업계에 대한 실태 조사를 그 해 2월에 시행했다. 8월에는 도매점에 대해서 18항목에 대해 조사하고, 1994년 8월에는 업계 4단체〔서협(書協), 잡협(雜協), 도협(都協), 닛쇼렌(日書連)〕에서 2명씩을 불러 의견을 들었다. 이 일련의 움직임은 공거위가 1996년 1월의 통상 국회(通常國會)에 독금법 개정에 관한 법안을 제출하기 위해 데이터를 수집하는 행위였다.

공거위의 견해는 한마디로 경직되어 있다고 하지 않을 수 없다. 즉 재판 제도에 의거하는 출판물의 정가 판매를 그대로 유지할 이유가 불충분하다고 보고 있는 것이다. 재판 제도를 폐지하고 가격 결정권을 서점에 내주어 시장 원리에 맡겨야만, 사업이 활성화하고 독자에게도 이익도 되어 바람직스럽다고 내다보고 있는 것이다.

일본서적출판협회(서협), 일본잡지협회(잡협), 일본출판도매협회(도협), 일본서점상업조합협회(닛쇼렌) 등 4 단체는 재판폐지에 반대하는 성명을 냈다. 서협과 잡협은 1995년 2월 공거위에 '출판물 재판제의 의의'를 제출하여 견해를 표명하고, 재판제를 유지해 달라고 강력히 호소했다.

■ 재판제가 폐지될 경우에 일어날 문제점

① 할인을 해 준다는 점을 미리 예정하여 가격이 설정되기 때문에 책에 표시되는 가격이 상승한다.

② 출판사, 도매점(총판처), 서점이 다 같이 거래처별, 상품별 도매 가격의 복잡화, 상품별 가격 결정 등으로 말미암아 교섭, 사무, 물류가 번잡해져서 시간, 직원 등에 들어가는 비용 때문에 원가가 올라간다.

③ 이러한 판매, 유통 비용의 증대가 다시 가격에 가산되어 실제 매매 가격도 상승한다.

④ 운임 등의 유통 비용이 가격에 떠넘겨지거나, 서점수가 적고 경합이 비교적 격심하지 않은 점 등으로 인하여 지방의 독자는 대도시권의 독자보다도 더 비싼 책을 사게 된다.

⑤ 출판사, 도매점(총판처), 서점이 다 같이 위험을 피하고 수고를 덜기 위해 팔리는 것만 취급하는 경향이 좀더 강해져서, 독자는 자기가 원하는 책을 사 보기가 어려워진다.

⑥ 할인 경쟁으로 인하여 가격이 불안정해지기 때문에 출판사는 장기간에 걸쳐 채산을 맞추는, 발행 부수가 적은, 전문성이 높은 서적을 출판하기가 더 곤란해진다.

⑦ 위탁 판매제가 무너지고 매절제(買切制)로 옮아갈 가능성이 높다. 만일 그렇게 되면,

　ⓐ 서점은 잘 팔리는 책 외에는 취급하지 않게 되고, 독자는 서점 등에서 내용을 살펴보고 사기가 어려워진다.

　ⓑ 중소 출판사는 출판하기가 더욱더 곤란해져서 출판사수가 대폭적으로 감소하여 국민의 다양한 문화적 욕구나 알 권리, 언론 · 출판의 자유가 제약 · 침해당한다.

　ⓒ 출판업계의 독과점화가 심해져서 기반이 약한 중소 출판사 · 서점 · 도매점은 경영 위기에 빠져 도산하거나 흡수 · 합병되는 일이 더 빨라진다.

출판물 거래에는 여러 가지 관습이 있다

현재의 출판물 거래 형태는 크게 나누어 위탁제와 매절제가 있다.

'위탁제'란 출판사, 도매점(총판처), 서점이 계약을 맺어, 일정한 기간이 지나면 팔다 남은 출판물을 반품할 수 있다는, 현재 출판업계의 주류가 되는 제도이다.

'매절제'란 서점이 출판물을 매입하여 반품할 수 없는 제도이다.

위탁제에는 두 가지 종류가 있고, 매절제에는 세 가지 종류가 있다. 이 이외의 형태로 상비기탁(常備寄託)이라는 것이 있다.

① 신간 위탁

새로 발행된 출판물을 신간이라 하여 배본하는 제도(위탁 기간은 105일).

② 장기 위탁

출판사가 계절이나 테마에 맞추어 기획한 기간본(旣刊本)을 서

점과 협의한 다음, 상품 및 위탁 기간을 결정하는 제도.

③ 매절

반품하지 않는다는 것을 조건으로 매매되는 제도.

④ 매절 연체 지불

청구를 수개월 거치(据置)해 두는 매절 제도.

⑤ 주문

독자의 주문, 서점의 가망 주문, 슬립 보충분에 의한 매절 제도.

⑥ 상비 기탁

서점의 신청에 의해서 출판사와 서점이 계약을 맺어 상품을 1년간 기탁하고, 판매할 때마다 보충하는 제도. 상품은 서점에 있더라도 출판사의 사외 재고(社外在庫)로 취급된다.

도매점과 출판사 간의 거래 관행도 알아 두자

출판업계에는 도매점이 출판사에서 매입할 때의 매입 가격(들여오는 가격)과 도매점에서 소매 서점에 판매할 때의 도매 가격(내는 가격)의 두 가지가 있다.

이러한 거래에 관해서, 유통의 중간에 존재하는 도매점이 출판사나 서점과 거래할 때 독과점함으로써 일어나는 폐해라고 생각되는 거래 관행이 있음을 지적하지 않을 수 없다.

도매점이 출판사와 설정하는 거래 조건에는 격차가 있는데, 이를 큰 출판사와 중소 출판사에 대한 거래 조건의 차이와, 기존 출판사와 신규 참여 출판사에 대한 거래 조건의 차이로 나눌 수 있다.

큰 출판사와 중소 출판사에 대한 거래 조건의 차이에 대해서 말하자면, 큰 출판사를 상대할 때에는 매입 가격을 현격하게 높게 잡고, 반품률이 50%를 넘는 일이 많은 잡지, 서적에 대해서도 반품 마진을 받지 않으며, 그 손실을 중소 출판사에 억지로 떠넘기고 있는 실정이다.

도매점이 출판사의 실적에 따라 지불 방법이나 가격 등의 거래 조건을 변경하는 일은 당연하다. 또 가격의 격차는 출판물 내용 등의 차이에 의해서 역사적으로 형성되어 온 것인데, 그것을 일률적으로 하기는 어렵다. 일반 서적, 오락서, 실용서, 전문서, 학술서, 전집, 사전 등의 사이에 어느 정도 격차가 생기는 것은 어쩔 수 없는 일이다.

그러나 중소 출판사에 대해서 극도로 가격을 낮게 책정하거나 지불하기를 보류하는 행위 따위는 거래 조건을 차별적으로 취급하는 일이요, 독과점하고 있는 도매점의 우월적인 지위를 남용하는 행위라는 말을 들어도 어쩔 수 없는 일이다.

다음으로는 기존 출판사와 신규 참여 출판사에 대한 거래 조건의 차이인데, 공정거래위원회의 집중도 조사(1990년)에 의하면, 도한(東販)과 닛판(日販)이 차지하고 있는 시장 점유율은 약 67%에 달해 있다. 도매점을 통하지 않으면 출판계에 신규 참여를 할 수 없으므로, 2대 도매점(총판처)이 제시한 조건을 받아들이지 않으면 안 된다. 도매점은 이점을 이용하여 신규 참여 출판사에 대해서는 정가의 65%, 매입 할인, 주문품의 매출 대금 유보 30%, 6개월 후 정산이라는 불리한 조건을 강요하고 있는 경우도 있다. 이러한 사정은 『일본의 서적 출판사』(일본 에디터스쿨 출판부 편·간행)에 자세히 설명되어 있다.

도매점과 서점 간의 거래 관행상의 문제

도매점(총판처)과 서점 간의 거래 관행 중에서 문제가 되는 점을 지적해 보자.

(1) 도매 가격의 격차

서점이 도매점에서 매입할 때의 매입 가격(도매 가격)에 대해 큰 서점과 중소 서점 사이에는 격차가 있다. 이들 서점 사이의 격차는 3~5%이다. 거래량의 많고 적음에 의해서 격차가 생기는 일이다. 반드시 불합리하다고 할 수는 없다. 그 외에 격차가 있는 것으로는 입금 보장제도, 매출 카드제도, 조건에 따라 달라지는 각종 마진이 있다. 그 결과 매출 규모가 커지면 커질수록 서점의 이익이 향상하기 때문에 서점의 대형화가 급속도로 이뤄지고, 중소 서점은 불리한 입장에 놓이게 되어 있다.

(2) 도매점과 서점 간의 결제

도매점은 발송한 책의 대금을 즉시 서점에 청구하는데, 이 대금에는 서점이 도매점에 반품한 것까지도 포함된다. 본래 도매점은 반품된 서적에 대해서는 신속히 반품 대장에 기입하고, 발송분에서 반품분을 뺀 금액을 서점에 청구해야 한다. 이와 같은 시스템에서는 도매점이 서점에서 회수한 대금을 필요 이상으로 자기 수중에 유보할 수 있게 되므로 공평한 결제라고 하기 어렵다.

(3) 신인금(信認金)의 문제

도매점과 서점이 거래 계약(개점)을 체결할 때, 도매점은 서점에 대해서 거래를 보증하기 위해서 담보를 설정하라고 요구하는데, 서점에 따라서는 이외에 신인금을 납입하라는 요구를 받는 경우도 있다. 이것은 이중으로 보증금을 내라는 요구이므로,

독과점을 하고 있는 도매점의 우월적인 지위의 남용이라고 지적하는 의견도 있다.

서점 경영의 지표로 무엇을 보아야 좋은가

현재 서점업계에는 서점 경영에 관한 두 가지 경영 지표가 있다.

하나는 도한에서 발간하는 「서점 경영의 실태」이고, 또 하나는 닛판에서 발간하는 「서점 경영 지표」이다. 두 가지 모두 연도판(年度版)이어서 해마다 8월에 신판이 발행되고 있다.

「서점 경영의 실태」의 차례는 다음과 같이 되어 있다.

Ⅰ. 조사점(調査店)의 성격
Ⅱ. 경영 지표로 본 서점의 실태
   (1) 매출액 신장률
   (2) 서점 이익율
   (3) 경비·인건비율
   (4) 영업 이익률
   (5) 판매 효율
   (6) 자기 자본 비율
   (7) 총 자본 회전율
   (8) 유동 비율
   (9) 당좌 비율
   (10) 고정 비율, 고정 장기 적합률
   (11) 매출액 대 지불 이식률
   (12) 수취 감정(受取勘定) 회전율
Ⅲ. 분류별로 본 서점의 실태

1. 지역별로 본 서점의 실태
2. 매장 규모별로 본 서점의 실태
  (1) 매출액 신장률
  (2) 평당 1일 매출액, 평균 고객수, 평균 고객 단가
  (3) 영업 동태표
  (4) 판매사원의 1인당 매출액(월간)
  (5) 평당 재고량
  (6) 부문별 매출액 구성 비율
  (7) 부문별 재고 금액 구성 비율
  (8) 부문별 상품 회전율
3. 입지 환경별로 본 서점의 실태
  (1) 매출액 신장률
  (2) 평당 1일 매출액, 평균 고객수, 평균 고객 단가
  (3) 영업 동태표
  (4) 부문별 매출액 구성 비율
  (5) 사원의 월간 근무 일수, 1일의 평균 근무 시간
  (6) 파트 아르바이트의 평균 근무 시간과 월간 근무 일수
  (7) 영업 시간
  (8) 월별 매출액 변화와 요일별 순위표
4. 매출 규모별로 본 서점의 실태
  (1) 매출액 신장률
  (2) 평당 재고량
  (3) 과목별 경비 비율
5. 복합형 서점의 실태
  (1) 매출 규모별 분포
  (2) 매출액 신장률
  (3) 조리익률
  (4) AV 대여 복합점과 문구 복합점과의 비교

Ⅳ. 백분비 대차 대조표, 백분비 손익 계산서
Ⅴ. 경영 지표

「서점 경영 지표」의 차례는 다음과 같다.
 1. 손익 계산서
 2. 대차 대조표
 3. 서점 경영 분석 비율
 4. 노동 생산성, 인시(人時) 생산성, 노동 분배율, 노동 장비율
 5. 외상 채권 회전율과 회전 기간
 6. 매출액 증가율
 7. 월별 매출 지수(指數)
 8. 매장 1평당 점매(店賣) 매출액
 9. 매장 1평당 재고량
10. 상품 회전율
11. 재고 금액 구성 비율
12. 점매·외매(外賣) 비율
13. 겸업 비율
14. 판매 사원 1인당 월간 매출액
15. 점매 판매 사원 1인당 매장 면적
16. 고객 단가
17. 영업 시간
18. 연간 영업 일수
19. 연간 근무 일수, 연간 총 노동 시간
20. 평균 임금
21. 초임급(初任給)
22. 파트 아르바이트 시간급
23. 파트 아르바이트 근무 시간
24. 사원 구성

25. 서점의 실태
26. 경영 비율 1개년 추이표

서점의 경영 지표는 도한, 닛판의 2대 도매점이 거래 서점 중에서 조사점을 선정하여 데이터를 집계한 것이다. 따라서 경영 지표의 데이터는 매년 다르며, 서점의 실태를 반영하는 거울이라고 해도 지나친 말은 아니다.

경영 지표와는 달리, 출판업계의 유통 실태를 극명하게 리포트한 것으로는 앞에서 말한 다케하나 오사무가 쓴 『출판물 판매액의 실태와 그 분석』이 있다. 이 데이터는 1987년부터 매년 8월에 연도판으로 발행·발매되고 있다. 발매처는 닛판이다.

현재 각종 출판 유통 데이터가 발표되어 있으나, 다케하나 오사무의 데이터가 현재로는 가장 상세한 것이며, 서점 루트 이외의 유통에 관한 데이터는 압권이다. 거기에는 유통 경로별에 대해서 다음과 같이 분석되어 있다.

• 유통 경로 서적·잡지 실제 판매액
• 최근 5년 간의 유통 경로 서적·잡지 판매액
• 유통 경로 구분에 의한 서적·잡지 판매액
• 최근 5년 간의 서점 경유 판매액
• 도매점(총판처), 판매 회사(도매) 연간 매출액
• 편의점 매출액 및 서적·잡지 매출액
• 편의점 점포수 그룹별 총 매출액 및 서적·잡지 매출액

제3장

●

서점 개업의 방법, 경영 방법

감상이나 희망만으로 서점을 경영할 수는 없다

개업을 할 때에는 반드시 '왜 개업을 하는가?', 즉 '개업의 목적, 이념'이 있을 것이다. 그저 막연히 서점을 차리는 사람은 없을 것이다.

'문화적인 사업을 해 보고 싶다', '멀티미디어 시대에 걸맞는 업종이라고 생각하니까', 또는 '책을 좋아하니까' 등과 같은 서점을 개업하게 된 동기가 있을 것이다.

이 동기를 그 사람의 생활축에 비추어 보면 개업의 목적이 분명해진다. 즉 '후회 없는 사업을 하고 싶다', '사회에 공헌할 수 있는 사업을 하고 싶다', '경영의 가설(假說)을 실증하여 새로운 기축(機軸)인 체인을 전개해 보고 싶다.' 등 실현하고 싶은 표적이 선명히 떠오르게 된다.

그러나 감상이나 희망만으로는 개업할 수 없다. 개업을 하기까지 거쳐야 할 방법과 순서가 있다.

■ 개점할 때의 착안점

(1) 어디서 서점을 개업하는 것이 좋은가? (입지 조사)
(2) 어느 정도 사장규모의(시장·판로) 폭을 예상할 수 있는가? (상권 조사)
(3) 어느 정도 크기의 서점을 꾸미는 게 좋은가? (점포 규모)
(4) 어떤 모양의 점포를 차리는 것이 좋은가? (점포 계획)

(5) 어떤 상품을 판매하는 것이 좋은가? (상품 계획)

(6) 얼마나 많은 상품을 팔아야 하는가? (손익 분기)

(7) 자금은 얼마나 필요한가? (투자 계획)

(8) 하려고 하는 서점은 얼마나 돈을 벌 수 있겠는가? (투자 채산)

이상과 같은 문제에 대해서 검토해 본 다음에 개점 업무에 들어가는 것이 당연하다.

다음에는 구체적인 내용에 대해서 알아보자.

먼저 독점적으로 시장을 점유할 수 있는 입지를 노린다

이상적으로는 독점적으로 시장을 점유할 수 있는 입지가 최고 입지이지만 그런 곳에는 이미 서점이 들어서 있기 마련이다. 독점 시장이 무리일 것 같으면 다음으로 이제부터 개척될 시장은 없는가 하고 선행 기지(先行基地)를 찾아 분점을 차릴 준비를 하는 방법도 있다.

그러나 아직은 뉴타운 계획을 수립하고 있는 중이거나, 유치 기획이나 상업 시설이 결정되지 않았거나 해서 불투명한 부분이 많고, 따라서 선물 매입(先物買入) 같은 요소가 많아서, 고작해야 부지를 선정해 놓고 준비 작업을 하는 데 그치는 수가 많다.

여기서는 기존 상권 중에서 비집고 들어갈 가능성이 높은 지역, 또는 장래 새로운 상권이 형성될 가능성이 있다고 예상되는 지역을 전제로 하여, 어떻게 입지를 조사하면 좋은지를 생각해 보고 싶다.

개점하려고 하는 곳에 사람들이 얼마나 다니는지 통행량 조사를 철저히 해야만 한다. 시청이나 상공회의소 등에 데이터가 마련되어 있는 경우가 많다. 은행, 부동산업자, 신문 판매점, 판매점 등에서도 통행인에 관한 정보는 얻을 수 있다. 시가지나 시내일 것 같으면 통행인에 관한 데이터를 조사할 필요가 있다. 성별, 연령별, 시간대별, 방향별, 요일별(평일이나 일요일과 경축일에 이틀 실시한다)로 조사할 필요가 있다.

상점가에서는 거리의 맞은쪽 상점가의 통행량과 이쪽(분점 예정지) 상점가의 통행량을 비교하면 뭔가 발견되는 것이 있다. 전단지의 배포나 간판의 위치 등도 방향을 결정할 때의 참고가 된다.

역앞이나 역 주변일 경우에는 그 역의 시간대별 승객수, 피크 타임, 남녀 차이, 직업 차이(학생 포함) 등에 관한 정보를 역사 무실에서 얻을 수 있다.

버스 정류장 주변에서는 버스노선, 방향별로 조사할 필요가 있다.

교외 지대일 경우에는 통행 차량을 조사해야 한다. 승용차, 산업차별(産業車別), 시간대별, 방향별, 요일별로 조사를 해야 한다.

분점 예정지의 노선상에는 얼마나 많은 사람이 모이는가, 대량 판매점까지의 거리는 얼마나 되는가, 주차 대수는 얼마나 되는가 등에 대해서도 조사할 필요가 있다.

상권 조사의 방법

(1) 인구 조사

분점 예정 지구의 동명별(洞名別) 세대수와 인구(남녀별)를 조사하고, 연령별 인구와 산업별 인구, 주야별 인구를 조사하여

한눈에 보고 알 수 있도록 일람표를 만든다. 이 자료는 시청의
홍보과, 통계과, 총무과 등에 있다.

(2) 상권 조사

시가지나 시내에 낼 분점일 경우에는 분점 예정지를 중심으로
하여 5백미터 상권(1차 상권), 1천미터 상권(2차 상권)의 동심
원(同心圓)을 그리고 각 상권의 인구를 계산한다.

이 경우 강, 철도 선로, 고속 도로, 산, 공원, 큰 공장 부지,
공공 시설, 유적지 등은 상권을 분리하는 것들이므로 이를 고려
하여 인구를 계산하는 일이 중요하다.

교외 지구일 경우에는 1천미터 상권(1차 상권), 2천미터 상권
(2차 상권), 4천미터 상권(복합 상권)의 동심원을 그리고 그 상
권의 인구를 계산한다.

시가지의 도보(徒步) 상권과는 달리 교외 지구는 차량 상권이
라는 차이가 있는데, 앞에서 말한 바와 같이 강, 철도 선로, 고
속 도로, 산, 공원, 큰 공장 부지, 공공 시설 유적지 등은 상권
분리의 요소가 되므로 고려하지 않으면 안 된다.

교외 지구일 경우에는 동심원 분포보다는 도로망을 따라 아메
바 모양으로 상권이 퍼지므로, 도로를 따라 10킬로미터까지 산
출할 필요도 있다. 복합형 서점일 경우에는 심야 영업을 하는
일도 많아서 상권이 넓게 잡히기 때문이다. 야간에 10킬로미터
를 달리는 주행 시간은 10분 전후밖에 안 된다는 것을 생각하기
바란다. 또 야간에 물건을 사는 비율은 주간보다 높다.

닛판의 「신판 교외형 서점의 실태」에 의하면, 서점을 찾아오
는 수단은 자동차 65.1%, 오토바이·자전거 22.8%, 도보
12.1%이다. 서점을 찾아오는 손님의 물건을 사는 비율은 평균
64.7%, 카세트 테이프 등을 파는 복합점일 경우에는 84.8%여

서 일반 서점의 매상률보다도 높다.

(3) 경합점 조사

매장 면적, 판매원 수, 영업 일수, 영업 시간, 상품 구성, 재고 상황, 진열 방법, 판촉 방법, 겸업 상태, 부대 설비 상태(주차장, 환기 설비, 화장실, 배경 음악, 엘리베이터), 검색 기기 등을 조사한다.

아주 가까운 거리에 있는 서점이나 예상되는 경합(競合) 서점에 대해서는 도매점의 장부 조사는 물론이고, 현재의 판매액, 고객수, 중점 상품, 장르, 경영 이념, 인맥, 과거 판매 경연 대회 실적 등 종합적인 조사를 할 필요가 있다.

교외점일 경우에는 경합점의 주차 대수를 비롯하여 주변에 주차장을 확대할 수 있는 여지의 유무, 그리고 주차 대수, 주차장으로 유도하는 사인 간판의 좋고 나쁨, 영업 시간의 파악 등이 중요하다.

복합형 서점일 경우에는 대여 가격, 서비스, 비디오와 CD 중어느 쪽이 주류인가, 비디오의 경우에는 회화, 방화, 애니메이션(動畫), 성인용 영화 등 주 판매 대상은 무엇인가, 예상 회원 수는 얼마나 되는가, 그 밖의 복합 상품을 조사할 필요가 있다.

서점은 입지 · 공간 산업이다

생전에 기노쿠니야 서점의 다나베 시게이치(田邊茂一) 사장이 "서점은 입지 · 공간 산업이다."라고 말한 적이 있다. 좋은 입지에 넓은 매장 면적을 가지고 있으면 매출은 확보된다. 그러나 매출과 이익은 차원이 다르다. 기업은 매출을 추구하는 것이 아니고 이익을 추구하는 것이므로, 점포 규모는 이익에 어울리는 크기여야 한다. 최근에 고서점의 프랜차이즈 사업이 성행하여 각지에서 볼 수 있게 되었다. 애당초 잘되리라고 예상했던 점포가 그 후에 가 보았더니 점포 안에 책이 별로 없는 상태가 된 풍경을 본 일이 있다. 고서점 프랜차이즈 사업은 자원(資源) 재활용에서 매입에 근거를 두고 있는 것이므로, 책을 팔러 오는 후배지(後背地)가 없으면 품절 현상이 일어날 것은 뻔한 일이다. 그 서점은 점포의 규모가 너무나 컸다.

신간을 취급하는 서점 중에도 복합형 서점이 많아졌다. 복합화함으로써 마진 복합 상승이 이뤄져 수익률이 향상한 것은 좋은 현상이다. 책과 땅콩을 파는, 40평 되는 복합점이 있었는데, 땅콩 매장이 전체의 10%밖에 안 되었지만, 이익액은 책과 대등하다는 말을 들은 적이 있다.

점포 규모는 입지, 환경, 상품 구성, 복합 상품, 영업 시간 등에 의해서 달라진다. 매장이 지역 안에서 제일 좋다 할지라도 적자가 나는 점포여서는 아무 의미도 없다. 점포 규모는 채산성(採算性)에서 역산하여 결정해야 한다. 하나의 표준으로 예상되는 상권의 총 서적 수요액의 25%를 획득할 수 있는 규모의 점포를 만드는 방법도 있다.

사기 쉬운 기능적인 점포를 독자는 좋아한다

목표 이익에서 역산(逆算)하여, 마음먹고 있는 점포를 어떻게 해야만 효율이 있도록 연출하는가 하는 것이 점포 계획이다.

평소에 '저런 점포를 만들고 싶다, 저 부분은 싫다' 하고 생각하는 점포나 레이아웃은 있을 수 있다. 점포 비용도 고려해야 한다. 점포의 겉모습이 훌륭한 것도 독자를 끌어들이는 요인이지만, 사기 쉬운 기능적인 점포를 독자는 좋아한다.

호화로운 클럽 하우스의 골프 컨트리보다는 스코어 메이크를 하기 쉬운 골프장을 골퍼들이 더 좋아하는 것과 같다.

점포를 구성하는 하드웨어는 여러 가지가 있다. 이 하드웨어와 소프트웨어(상품)가 조화를 이뤄야만 좋은 연출이 나온다. 하드웨어는 장치를 가리키는 말이다. 독자가 그 장치를 보고 반응하는 정도가 높으면 훌륭한 하드웨어라고 할 수 있다. 예를 들면 'IN' 간판을 보고 무심코 끌려 들어가게 되는 교외점, 어린이의 눈높이에 맞춰서 짜 놓은 책꽂이나 선반, 집기 등은 어린이에게는 천국 같은 분위기를 자아내 준다. 그 하드웨어 면부터 살펴보자.

(1) 간판

간판은 점포의 상징이다. 업종과 점포 이름의 양면성이 드러나야 한다. 교외점의 경우에는 간판에 의해서 승부가 날 정도로 중요하다.

바라보이는 거리가 길수록 유효하다. 즉 눈에 확 띄는 간판인데, '책'이라는 표시가 압도적으로 많다. 하나의 글자로 크게 표현할 수 있기 때문이다. 'BOOK', 'Video', 'CD'는 2차적으로 사용하는 일이 많다.

간판은 전주 스타일의 폴(가늘고 긴 막대) 간판, 점두 도로에 놓는 스탠드 간판, 건물 정면에 있는 점두 간판, 건물에서 도로상에 쑥 나온 수간판(袖看板) 등이 있다.

시가지 안에 있는 서점의 경우에는 수간판이 많은데, 발행소의 광고 간판에 의존하는 점포를 흔히 본다. 이것은 점포 이름이 들어간 간판이 아니고 업종 간판이어서 바람직하지 않다. 교외 점포의 경우에는 속도를 내어 차를 몰고 가다가도 쉽게 알아

볼 수 있어야 하므로 '책'이 가장 눈에 잘 띈다. 점포 이름은 주차장에서 바라보이는 곳에 대대적으로 내세우면 된다. 눈에 띄는 색은 빨강 바탕의 간판이다. 맥도널드의 입구, 세븐-일레븐의 점두도 온통 빨간 색이어서 눈에 확 띈다. 남의 눈을 끄는 것은 빨강이 제일이다. 그러나 필자가 조사한 바에 의하면, 천만 뜻밖에도 흰 바탕에 푸른 글자가 쓰인 간판이 가장 많아서 37%나 되었고, 다음으로는 흰 바탕에 붉은 문자가 쓰인 간판이 24%, 붉은 바탕에 하얀 문자가 쓰인 간판이 13%였다. 초록은 적었다.

교외점의 도로변에 있는 폴 간판은 5백만~1천만 엔 정도 들기 때문에 시인성(視認性), 내구성을 고려하여 신중히 만들어야 한다. 'IN' 간판은 야간에 특히 눈에 잘 띄도록 해야 한다.

(2) 조명

서점을 개점하면서 점포 공사를 할 때 비용이 가장 많이 드는 것이 전기 공사이다. 또 개점한 후 경비 중에서 가장 많이 나가는 것이 인건비 다음으로 전기요금이다. 개점 후 비용을 절약해야 하므로 전기 회로에 대해 신경을 쓴다든지, 효율적인 조명 기구를 사용한다든지 하여 경비를 절감할 수 있는 쪽으로 공사를 해야 한다.

그런데 공사 중에서 가장 주의해야 하는 것이 조명 관계이다. 그 이유는 점포가 번창하는 요인이 조명에 있기 때문이다. 특히 점두가 밝은 것은 번창하는 점포의 필수 조건이다. 점포 안의 조명도는 최저 1000~1500 룩스가 필요할 것이다.

주차장의 조명도 잊으면 안 된다. 특히 구석에 신경을 쓰는 일이 중요하다. 점포 안의 조명 기구는 진기하게 생긴 것은 얼마 안 가서 싫증이 나므로 좋지 않다.

(3) 집기

상품을 넣는 그릇이 집기이다. 서점의 집기 중에서 중심이 되는 것은 책꽂이와 평대(平臺)이다. 하지만 평당 판매 효율, 평당 재고 효율을 고려하여 벽면 책꽂이는 7단이 좋다. 8단 이상이 되면 과잉 재고의 원인이 되어 자금 융통을 압박한다. 점포 중앙에 설치하는 섬 모양의 평대는 1.5미터 이하가 되도록 가능한 한 낮게 만든다.

점포 안은 전체를 훤히 바라볼 수 있도록 하여 독자 서비스, 사원끼리의 연락을 쉽게 할 수 있도록 하는 것이 좋다. 재고 공간은 원칙적으로 설치하지 않도록 하고, 잡지, 만화류, 문고, 베스트 셀러 등과 같은 회전율이 높은 상품이 있는 데에만 설치하도록 한다. 전문서에는 재고 공간을 설치할 필요가 없다.

일반적으로 카운터라고 하는 포장대(包裝臺)가 있다. 이 카운터는 점포 안에서 중추 기능이 집중하는 곳인데, 점포의 심장부라고 해도 좋다. 판매 기능을 하는 곳임과 동시에 정보를 받고 보내는 기능을 하는 기지이다. 계산기 겸 금전등록기를 설치함과 동시에 정보 검색 서비스도 하고 있다.

모양은 직사각형으로 된 것이 많은데, 그 외에 L자 모양, 원형, 반원(부채꼴) 모양도 있다. 해마다 금전등록기 받침인 카운터는 대형화하고 있다. 기본적으로 카운터 설치는 작은 것보다는 큰 것이 사용하기 쉽다. 적어도 너비는 한 칸(1.8미터), 길이는 60센티 크기로 된 것이 좋다.

포장대의 기능이 잘 되고 안 되고는 높이에 의해서 좌우되는 일이 많다. 인간공학적으로 보아 서점에서는 70~75센티미터가 많다. 세븐-일레븐은 80센티미터이고, 대량 판매점은 60~70센티미터이다. 업종에 의해서 높이가 달라지는 것은 당연하다.

포장대 받침은 판매와 관련이 있는 소모품을 수납하는 곳이기

도 하다. 포장 봉지(만화책용, 잡지용 등), 책 커버(문고용, 신
서용, 문예 서적용 등), 증여·답례용 포장지, 쇼핑백 등은 사
용 빈도를 따라 집기 쉬운 위치에 놓여 있지 않으면 안 된다.
그 외에 매출카드(전표) 수납, 영수증, 점포 도장, 도서권 및 관
련 용품, 크레디트와 관련 있는 사무용품, 실내 배경음악용 기
기 등 점두 서무 책상도 갖춰 놓는다. 좌우 여닫이식으로 된 것
보다는 오픈식으로 된 것이 기능적이다. 선반은 좁게 칸막이가
된 것이 편리하지만, 안길이가 깊은 선반은 관리하기도 불편하
고 청소하기도 어렵기 때문에 환영받지 못한다. 최전선에서 판
매하는 곳이므로 기능적이고 능률적으로 일할 수 있는 금전등록
기 포장대(包裝臺)를 쓰는 편이 좋다.

(4) 레이아웃

금전등록기 앞은 특히 공간을 많이 잡는다. 고객이 몰리기 쉬
운 곳이므로 적어도 1.5미터는 잡을 필요가 있다. 길은 중앙 통
로와 보조 통로로 나눈다. 주 통로는 적어도 1.2~1.8미터는 필
요하다. 보조 통로도 적어도 0.8미터는 확보해야 한다.

독자가 이리저리 자유롭게 다니기 쉽도록 한 것이 독자 본위
의 레이아웃이다. 이것은 결과적으로 독자가 머무르는 시간을
길어지게 하여 판매를 증가시키게 된다. 미로, 일방 통행, 막다
른 길은 좋지 않다.

점포 안에 종업원이 작업할 수 있는 책상이나 받침대 같은 것
이 놓여 있는 레이아웃도 독자를 위한 서비스가 되므로 좋은 일
이다.

통로와 집기와의 관계인데, 고객이 움직여 돌아다니는 경로의
선을 길게 잡을 수 있도록 하는 것을 기본으로 하되, 통로에 집
기(예컨대 지도책, 드릴대 등)를 놓지는 말아야 한다. 선반 안

에 만들어 놓으면 그만이다.

(5) 뒷공간

뒷공간은 재고를 위한 공간이 되기 쉽고, 생산 공간이 되지는 않는다. 아무리 크더라도 점포의 10% 이내가 되도록 억제할 필요가 있다.

종업원의 휴식 공간이라고 생각하고, 그 외에는 반품되어 들어오는 상품을 일시적으로 쌓아 두는 장소 쯤으로 생각하는 편이 좋다.

점포의 규모에 따라 달라지기도 하지만, 물품 검사 따위는 개점하기 전인 오전 중 한가한 시간이면 점포 안에서 하더라도 별로 지장이 없다.

(6) 색채, 재질

서점은 화려한 색이나 원색은 쓰지 않는 것이 일반적이다. 복합형 서점일 경우에는 각 매장, 벽, 바닥의 색채를 바꾸어 성질이 다른 공간임을 드러내는 편이 좋다.

마루 재질은 상품의 종류나 고객의 수가 다른 업종에 비해서 많으므로 내구성이 강한 것을 쓰는 편이 좋다. 고객수, 비 오는 날을 예상하면 비닐계통의 재질이 좋다.

한편, 공사 공정표의 예는 <표 6>과 같다.

자기 서점을 찾아오는 손님의 성분을 아는 일이 중요하다

상점에서 가장 중요한 일은 머천다이징이다. 특히 서점에서는

<표 6> 공사 공정표(예)

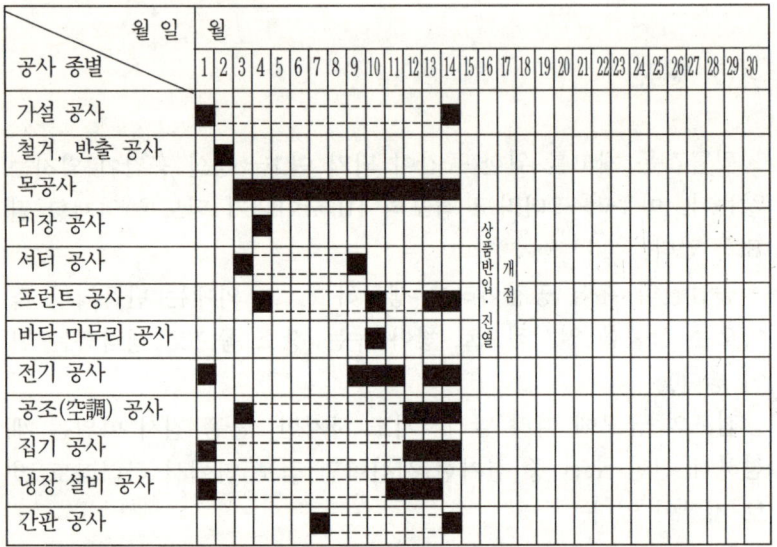

독자가 책을 살 때 점두에서 상품을 보고 구입 여부를 결정하는 패턴이 60% 전후가 될 정도로 높다.

또 다른 사람의 권유를 받고 사는 경우도 있다. 신문의 독자란 중 서평란에 나오는 책은 그 전형일 것이다. 독자의 발길을 서점으로 돌리게 하는 동기가 되는 것은 사실이다. 그 밖에 TV 서평, 라디오 서평, 잡지 서평 등이 있다. '출판물이란 참으로 고마운 것이구나' 하고 느끼게 해 주는 지원(支援) CM군(群)이다.

다른 생활용품 중에서 제3자적인 입장에서, "이 상품을 이용해 보세요" 하고 소개해 주는 미디어가 있을까? 이렇게 생각하면 서평은 출판업계의 거대한 재산이라 할 수 있다.

그러나 아무리 지원 부대가 많고 든든하다 하더라도, 가장 중요한 주역인 그 책이 점두에 없으면 독자의 수요를 충족시킬 수 없다.

앞에서 말한 서평에 나오는 책은 상품 계획 중에서는 화제가 되는 책, 주목을 받는 책의 범주 안에 드는 책이다. 그러한 책은 서점의 얼굴과 같은 부분이다. 그러나 그것이 서점의 전부는 아니다.

중요한 것은 자기의 점포를 찾아오는 고객의 성분이다. 어떠한 고객층이 많이 찾아오는지를 알아야 한다. 거기에서 파생하는 독자의 요구를 반영시킬 수 있는 계획이 가장 좋은 상품 계획이라고 할 수 있다.

개점하기에 앞서서 조사한 상권 안의 연령별, 산업별, 주야별 인구를 파악하여 젊은이 스타일인가, 야간 타입인가, 학생이 주류인가, 비즈니스맨인가에 의해서 판단을 내린다. 또 주변의 문화 환경, 경제 환경에 의해서 상품의 구색이 달라지는 것은 당연하다.

인간의 취향은 천차만별이므로 모든 것을 다 추구하기는 불가능하다. 최대 공약수를 주목표로 삼는 것이 좋다.

복합 의존도가 높은 경우에는 고객층의 범위를 좁힐 수도 있다. 출판물을 개성적으로 한정하여 좁힘으로써 전문화할 수도 있다. 이것은 독자에게도 편의성이 높은 상품 진열이라 할 수 있다.

나고야 시 교외에 빌리지뱅가드라는 교외형 서점이 있다. 차고를 개조한 서점인데, 건물, 상품 진열, 집기, 독자 등이 모두 다 색다르다.

『기쿠치 군(菊池君)의 서점』(아르메디아 간행)이라는 빌리지뱅가드를 소개한 책이 출판되어 있다. 한 번 읽어 보기 바란다. 기쿠치 군은 빌리지뱅가드의 경영자인 기쿠치 게이이치 씨이다. 1986년에 창업한 이래 5개의 점포를 가지고 있다.

상품 구성도 독특하다. 서점다운 맛이 안 나는 서점의 상품 구성이지만, 반면에 음악, 자동차, 만화책, 문예, 예술 등에 관

<표 7> 빌리지뱅가드 이스트점 월별 매출액

(1993년 3월 12일 개점)

	고객수	매출액	잡지	만화	서적	문고
3월	2,780	558만 972	32만 8,952	85만 6,062	107만 8,685	15만 4,803
4월	4,475	864만 4,355	64만 9,264	127만 6,677	166만 5,715	20만 8,041
5월	5,105	958만 8,352	76만 3,551	155만 9,817	203만 2,916	30만 4,279
6월	4,429	856만 9,043	73만 2,448	145만 8,914	162만 3,144	23만 4,076
7월	4,834	1,000만 3,875	78만 7,499	166만 8,137	186만 7,306	25만 4,822
8월	4,590	976만 9,366	67만 2,567	161만 4,360	213만 6,481	26만 7,149
9월	5,143	979만 5,521	69만 9,592	173만 1,614	204만 8,941	26만 1,633
10월	5,576	1,118만 3,978	79만 5,192	203만 2,554	197만 2,927	21만 8,554
계	3만 6,932	7,309만 9,462	542만 9,065	1,219만 8,135	1,442만 6,115	190만 3,357
점유율			7.4%	16.7%	19.7%	2.6%

	양서(洋書)	동인지	캘린더	비디오	CD	상품
3월	9만 1,606	5만 6,400	0	10만 4,501	16만 7,910	247만 4,191
4월	7만 9,803	19만 9,350	2만 4,090	44만 6,402	48만 0,410	341만 4,256
5월	8만 0,875	15만 2,550	2만 9,240	36만 9,951	38만 8,100	380만 4,861
6월	11만 4,142	18만 5,481	9,050	46만 7,183	29만 6,290	335만 2,705
7월	16만 7,056	19만 3,466	5,248	50만 1,858	40만 9,580	402만 5,338
8월	9만 6,090	34만 1,154	5,250	61만 0,377	41만 7,741	354만 8,089
9월	8만 1,280	35만 2,498	4만 3,600	41만 9,439	31만 1,630	372만 4,176
10월	11만 0,154	42만 0,320	25만 1,241	44만 8,271	37만 5,150	441만 4,179
계	82만 1,006	190만 1,219	36만 7,719	336만 7,982	286만 6,811	2,875만 7,795
점유율	1.1%	2.6%	0.5%	4.6%	3.9%	39.3%

주) 계산원이 잘못 쳤다. 소비세 관계로 장르계와 매출액은 일치하지 않는다. 매출액이 옳다.

해서는 전문 서점이다.

　서점의 경우, 기본 상품은 잡지와 서적이다. 일반적으로는 잡지는 가장 가까운 상품이요, 서적은 사러 다니는 상품이라고 일컬어진다. 이것은 일반론이다. 잡지 중에서도 『판례(判例) 타임스』(판례 타임스 사)나 『건축 지식』(건축 지식) 등은 전문 잡지여서 사러 다니는 상품이다. 반대로 문고나 신서는 가장 가까운 상품 같은 서적이라는 말이 된다.

요컨대 잡지 중심의 가장 가까운 형의 서점에서 세우는 상품 계획과 전문서를 중심으로 한 전문 서점의 상품 계획은 서로 다르다.

복합점의 경우에는 AV 관련 상품과 책과의 연관을 고려하지 않으면 미디어 믹스를 발생시킬 수 없다.

잡지, 서적의 상품 세부에 대해서는 제4장에서 상세히 설명하기로 한다.

서점 경영자는 '매출액병'에 걸리기 쉽다

이익은 매출액과 경비의 균형으로 구성된다. 즉 브레이크 이븐(break-even)이라는, 매출액과 경비와의 균형이다. 일반적으로 손익 분기점 브레이크 이븐 포인트(BEP)라는 것이 있는데 BEP의 매출액에서는 이익도 생기지 않지만 손실도 생기지 않는다. 수입과 지출이 엇비슷한 상태인데, 손익 분기점보다 큰 매출액이 되면 이익이 생긴다.

자기 점포의 손익 분기점이 되는 매출액을 아는 일은 중요하다. 특히 경영자는 '매출액병'에 걸리기 쉬워서, 매출액이 올라가는 것을 좋아한다. 그렇지 않고 손익 분기점 매출액을 낮추는 경영, 요컨대 매출액 증대 보다는 손익 분기점의 비를 낮추는 것이 경영에 도움이 된다는 것이다.

손익 분기점 매출액이 가령 연간 8천만 엔이라 하고 실제의 매출액이 1억 엔일 경우, 20%의 여유율을 갖게 된다. 요컨대

<표 8> 손익 분기점 공식

손익 분기점 매출액

= 고정비÷(1−변동 비율)

$$= \frac{\text{고정비}}{(1-\text{변동 비율})}$$

※ 변동비 … 상품의 매입 원가

※ 고정비 … 상품의 매입 원가
    이외의 모든 비용

$$\text{변동 비율} = \frac{\text{변동비}}{\text{매출액}}$$

〈실례〉

매출액 … 1억 엔

변동비 … 7,800만 엔

고정비 … 1,200만 엔

$$\text{변동 비율} = \frac{7,800}{10,000}$$

$$\text{손익 분기점 매출액} = \frac{1,200}{(1-0.78)}$$

$$≒ 5454$$

매출액의 저하가 20%까지라면 적자로 전락하지 않아도 된다는 말이 된다.

다음에는 손익 분기점의 산출 방법을 검토해 보자(<표 8> 참조).

즉 약 5천 454만 엔의 매출액이 있으면 현재의 수입과 지출은 엇비슷하다.

그러나 손익 분기점 매출액만으로는 현재의 경비를 꾸려 나갈 뿐이고, 차입금의 원금 반제나 이익 유보는 할 수 없다. 그래서 연액(年額) 반제액을 포함한 목표 이익을 설정하고, 다시 연액 매출액을 계산하지 않으면 안 된다. 목표 이익액을 2천만 엔이라고 하면, 분자(分子)의 고정비에 목표 이익액을 가산하면 된다.

$$\text{필요 매출액} = \frac{\text{고정비 + 목표 이익}}{(1-\text{변동 비율})} = \frac{1,200 + 2,000}{(1-0.78)}$$

$$≒ 14.545$$

즉 약 1억 4천 545만 엔이 필요 매출액이라는 말이 된다.

50평 서점의 투자 계획과 경비의 사례

개점을 할 때는 토지, 건물의 취득이나 임차를 위한 자금, 점포 설비의 자금, 상품 매입 자금, 운전 자금 등이 필요하게 된다.

이러한 소요 자금은 자기 자금으로 꾸려 나가는 것이 원칙이지만, 부족할 경우 일반 금융 기관에서는 융자를 받을 수 없다. 1년 이상의 사업 실적이 필요하기 때문에 개업 자금을 빌릴 수는 없다.

대부해 주는 기관으로는 국민금융공고(公庫) 및 환경위생 금융공고인 '종업원 독립 개업 자금 대부'라는 개업을 위한 대부 제도가 있다.

그 외에는 각 도도부현(都道府縣)의 상공회에서 알선하는 '개업 자금'이 있으므로 알아보면 된다.

개점할 때, 건물이 자기 건물일 경우와 임차하는(Tenant) 건물일 경우 두 가지가 있다.

그 하나하나의 경우를 상정하여 50평 서점을 개점하려면 어느 정도의 자금이 드는지 시험 삼아 계산해 보자(<표 9> 참조).

<표 9>는 개점하기까지 드는 비용이므로 개점 후의 운전 자금을 잊으면 안 된다.

자기 건물과 임대일 경우와의 차이는 지대(地代)와 집세로 들어가는 경비의 차이뿐이다.

서점의 경우 매출 금액에 대해서 약 23%의 경비가 필요하다. 예를 들면 월매출 1천만 엔인 점포에서의 한 달 경비는 230만 엔이다(<표 10> 참조).

<표 9> 50평 서점의 투자 계획 (예)

자기 건물일 경우(50평 점포)

1. 점포 건축 공사 (본체, 전기 설비, 급배수)
   10만 엔/평×50평＝500만 엔

2. 집기, 비품(책꽂이, 평대, 카운터)
   20만 엔/평×50평＝1,000만 엔

3. 내외장 공사비 (바닥, 벽, 천장, 조명, 외장, 간판, 자동 도어)
   15만 엔/평×50평＝750만 엔

4. 상품대 (서적, 잡지)
   50만 엔/평×45평＝2,250만 엔

5. 광고, 선전(낱장 광고, 광고대) 80만 엔

6. 잡비 (개점 피로, 문구 등) 70만 엔

_____

계 4,650만 엔

임대한 점포인 경우(50평 점포)

1. 보증금   50만 엔/평×50평＝2500만 엔

2. 집기, 비품 (책꽂이, 평대, 카운터)
   20만 엔/평×50평＝1,000만 엔

3. 내외장 공사비 (바닥, 벽, 천장, 조명, 외장, 간판, 자동 도어)
   15만 엔/평×50평＝750만 엔

4. 상품대 (서적, 잡지)
   50만 엔/평×45평＝2,250만 엔

5. 광고, 선전 (낱장 광고, 광고대)   80만 엔

6. 잡비 (개점 피로, 문구 등)   70만 엔

_____

계 6,650만 엔

<표 10> 월매출 1,000만 엔 서점의 경비 내역

	매출에 대한 %	경비 금액
인건비	12.26%	122만 6,000엔
(임원 보수, 급료, 복리후생비)		
판매비	2.27%	22만 7,000엔
(광고선전비, 짐꾸리기 운임, 포장비, 지불수수료)		
설비 관리비	6.09%	60만 9,000엔
(수도·광열비, 차량연료비, 수선비, 리스료, 지대집세, 감가상각비)		
기타 관리비	2.02%	20만 2,000엔
(보험료, 통신료, 교통비, 사무용품비, 교제비, 조세공과, 각종 회비, 연수비, 잡비)		
기타	0.44%	4만 4,000엔
계	23.08%	230만 8,000엔

다시 말하면 개점한 후 경비로 매월 최저 230만 엔이 들어간다. 그 외에 상품 매입 대금의 지불이 발생한다. 물론 개점 후에는 판매 대금의 수입이 있어서 지불에 돌려쓸 수 있지만, 일반적으로 유동 자금으로 월 매출의 3개월분을 가지고 있는 것이 바람직하다. 운전 자금이 의외로 많이 들고 뜻밖의 지출이 있게 되며 상품의 지불이 선행하고 서서히 자금 융통이 악화하는 것이 보통이다. 재고 과다, 외상 잔금 팽창, 손실 발생이 자금 융통의 적이다.

경비 중에서 인건비, 지대와 집세, 수도·광열비가 가장 높다. 그 중에서도 인건비는 총 경비의 50% 이상을 차지한다. 사원, 임시직, 아르바이트는 최소한으로 쓰지 않으면 안 된다.

집세는 고정비 중에서 인건비 다음으로 높다. 임대 점포는 되도록 피하고, 자기 물건으로 하는 것이 좋다.

임대한 점포의 세는 전세와 사글세의 두 가지가 있다. 장사가

잘되는 점포에서는 전세가 유리하고, 매출에 변동이 심한 점포
는 사글세 쪽이 유리하다.

입지의 특성에 의해서 매출액은 변한다

분점을 내기로 결정된 곳에서 어느 정도의 매출을 기대할 수
있는지, 초년도의 연간 매출액이 문제이다.

입지(立地)에 의해서 매출이 변하는 것은 당연하다. 역앞, 쇼
핑센터 내, 상점가, 주택가, 교외지에 따라 다르다.

『서점 경영 지표 '95』(日販)(<표 11>)에 의하면, 평당 1일의
매출액에서는 상업지구가 1만 7천 715엔, 역빌딩 내가 1만 6천
766엔으로 가장 높다. 그러나 상업지구는 토요일, 일요일은 영
업이 되지 않는다. 역사도 마찬가지로 토요일, 일요일에는 고객
수가 줄어든다. 교외형은 6천 429엔이어서 평당 1일 매출액은
낮으나, 고객 단가가 1천 18엔이어서 가장 높다. 또 토요일, 일
요일, 공휴일에 모이는 고객이 많고, 게다가 점포에 들어오는
고객의 매상률이 높은 것도 특색이다.

이와 같이 입지 특성에 의해서 매출이 변하는 것도 잊어서는
안 된다. 통행량이 많으니까 매출이 오를 거라고 판단하는 것은
잘못이다.

또 <표 11>에 나타난 1일의 매출액, 평균 고객수, 평균 고
객 단가의 데이터는 기존 서점의 데이터여서, 신규 서점에 그대
로 들어맞는 일은 없다.

이 수치의 70~80%로 낮게 매출액을 설정해 두는 편이 좋다.
매출은 낮게, 경비는 많게 잡는 것이 투자 채산을 고려할 때의
철칙이다.

다음에 투자 채산의 사례를 수록했으니 참조하기 바란다(<표

<표 11> 평당 1일의 매출액, 평균 고객수, 평균 고객 단가

매장 규모별

매장 규모	평당 1일 매출액	평균 고객수	평균 고객 단가
20평 이하	1만 1,999엔	196명	810엔
21~40평	8,959	288	843
41~60평	7,363	392	888
61~80평	6,482	461	1,033
81~100평	7,427	601	1,017
101~150평	8,049	825	1,109
151평 이상	7,788	972	1,263
전 체	8,787	421	972

입지 환경별

입지 환경	평당 1일 매출액	평균 고객수	평균 고객 단가
역 전	1만 1,296엔	544명	842엔
상 점 가	8,284	371	905
주 택 가	7,101	254	868
비즈니스가	1만 7,715	631	952
교 외 형	6,429	497	1,018
S C 내	8,168	433	845
역사 내	1만 6,766	1,255	795
전 체	8,787	421	972

『서점 경영 지표 '95』(日販) 중에서.

12> 참조).

<표 12> 투자 채산의 사례

자기 물건의 경우(50평 점포)

점포 면적 : 50평, 매장 면적 : 45평

영업 일수 : 350일

평당 1일 매상 : 7,000엔

종업원 : 사장, 남자 1명, 여자 1명, 파트타임 3명

초기 투자액

1. 점포 설비 공사비 : 10만 엔 × 50평 = 500만 엔

2. 집기·설비비 : 20만 엔 × 50평 = 1,000만 엔

3. 내외장 공사비 : 15만 엔 × 50평 = 750만 엔

4. 상품대 : 50만 엔 × 45평 = 2,250만 엔

5. 광고·선전 : 80만 엔

6. 잡 비 : 70만 엔

　　　계 : 4,650만 엔

		1년도	2년도	3년도
매 출 액		1억 1,025만엔	1억 2,678만엔	1억 3,945만엔
이 익 율		22%	22%	22%
이 익 금		2,425만 엔	2,789만 엔	3,067만 엔
영업비	인건비	1,353만 엔	1,420만 엔	1,491만 엔
	판매액	250만 엔	263만 엔	276만 엔
	설비 관리비	671만 엔	705만 엔	740만 엔
	기타 관리비	222만 엔	233만 엔	245만 엔
	기 타	48만 엔	50만 엔	52만 엔
계		2,544만 엔	2,671만 엔	2,804만 엔
영업이익		△119만 엔	118만 엔	263만 엔

주 : 인건비

　사장 : 27만 엔 × 16개월 = 432만 엔

　남자 1명 : 17만 엔 × 16개월 = 272만 엔

　여자 1명 : 16만 엔 × 16개월 = 256만 엔

　파트타임 3명 : 시급 750엔 × 5시간 × 350일 × 3명 = 393만 엔

　　　계 : 1,353만 엔

손익 분기(필요 매출액의 계산)

　분점 조건 - 자기 물건

　투자금액 - 4,650만 엔

　고정경비 - 2,544만 엔

손익 분기점 매출액

$$= \frac{2,544만 엔}{1 - 0.78} = 1억 \ 1,563만 엔$$

연간 필요 매출액 : 1억 1,563만 엔

월간 필요 매출액 : 964만 엔

1일 필요 매출액 : 33만 엔

차입을 2,000만 엔, 8년 균등 반제

금리 6%, 세율 45%라고 했을 경우의 필요 이익은

$$\frac{반제 \ 원금 - 감가상각비}{1 - 세율} = \frac{250만 엔 - 230만 엔}{1 - 0.45}$$

필요 이익 = 36만 엔

따라서 필요 매출액은

$$\frac{고정비 + 필요 이익}{1 - 변동률} = \frac{2,544만 엔 + 36만 엔}{0.22}$$

$$= 1억 \ 1,727만 엔$$

연간 필요 매출액 : 1억 1,727만 엔

월간 필요 매출액 : 977만 엔

1일 필요 매출액 : 33.5만 엔

주 : 정액법(定額法)에 의한 감가상각

내 역	금액	상각 연수	상각비 계산	연상각액
내외장 공사비	750만 엔	8년	750×0.9÷8	84만 엔
설비 공사비	500만 엔	13년	500×0.9÷13	34만 엔
집기 · 비품비	1,000만 엔	8년	1000×0.9÷8	112만 엔
계	2,250만 엔			230만 엔

개점 시기는 언제가 좋은가

서점에는 바쁜 달과 한가한 달이 있다. 개점을 할 때에는 바쁜 달로 접어들기 전이 좋다.

- 팔리는 달 (매출 지수는 평균을 100으로 한다)
  12월   123.7%   3월   118.8%
  4월   112.6%   7월   106.7%
- 안 팔리는 달
  9월   86.0%   10월   86.7%
  2월   87.0%   11월   89.0%

언뜻 보면 이상하게 보이지만, 독서의 계절인 가을, 독서 주간(10월 27일~11월 9일)일 때 책은 팔리지 않는다. 가을은 행락철, 미각의 계절, 스포츠의 계절이다.

12월은 연말에서 정월까지 책을 사거나, 연간의 총결산으로 신간 발행이 활발하고 매상도 오른다.

3, 4월은 신입생, 신입사원 등 출발하는 달이어서 무엇을 하고자 하는 의욕과 패기가 반영되어 잘 팔린다. 7월은 여름 방학, 학습, 레저, 충전용 독서로 책이 팔린다.

가을에 신규 개점을 하면 매출이 오르기까지 시간이 걸린다. 바쁜 달에 개점해야만 점포의 이름이 빨리 알려지는 이점이 있고, 종업원도 빨리 고객을 접하게 되어 일에 익숙해지며, 상품 지식이 붙어 고객의 신뢰를 받게 된다.

개점할 때 광고와 홍보는 필수적이지만, 개점할 때 집중적으로 하는 편이 광고 효과가 높다. 평균적으로 조금씩 내놓는 광고비로는 효과를 기대할 수 없다.

개점을 하기 위한 이륙은 제트기형이어야 하고, 급부상을 하

는 것이 바람직하다. 프로펠러기형 저공 비행을 하면 투자한 자
금을 회수하는 데 시간만 걸릴 뿐이다.

●

제4장

서적, 잡지는 어떤 상품인가

일본인은 연간 38억 권의 잡지와 9억 6천만 권의 책을 산다

1994년의 데이터에 의하면, 1994년 1~12월의 1년간 판매된 잡지, 서적의 대체적인 상황은 <표 13>과 같다.

1994년의 잡지 매출 금액은 전년도에 비해서 5.2% 증가해서 1조 5천 158억 1천 696만 엔이었다. 창간된 잡지는 131종(전년 144종), 휴폐간지 96종(전년 152종), 개제지(改題誌) 46종(전년 28종), 발행소 변경지 17종이었다.

1994년에는 1억 2천 432만 명의 일본인이 잡지를 38억 권, 서적을 9억 6천 만 권 샀다. 합계를 내면 48억 권이 좀 못 되어 단순 계산을 하면 1인당 40 권의 책을 산 셈이 된다. 또 이것을 독서 인구로 좁혀 미취학 인구(1~6세) 1천 5백만 명과 고령자 인구(66세 이상) 1천 7백만 명을 빼면 독서 대상 인구는 8천 6백만 명이 되어, 1인당 구매 권수는 55권이 된다. 일본인은 1주일에 1권의 책을 산다는 계산이 나온다.

시대와 사회의 변화로 보면 일본인이 활자로부터 떠난 지는 오래되었다. 그러나 일본인이 이 정도로 많은 책을 산다는 것이 실증되면, 활자로부터 떠났다는 현상에 대해서 의문을 품지 않을 수 없다.

그러나 독서가 일상적인 업무라고 할 수 있는 대학생의 독서 시간이 감소하는 경향이 있다고 지적되고 있기도 하다. 전국 대학생활협동조합연합회가 해마다 실시하고 있는 '대학생의 독서 생활 조사'에서는 1993년에 대학생의 1일 평균 독서 시간은

<표 13> 잡지, 서적의 대체적인 상황

잡지

			전년비
발행 종수		2,460종	101.5%
내역	월간지	2,379종	101.6%
	주간지	81종	97.6%
발행 부수		49억 8,624만 부	101.4%
판매 부수		37억 8,954만 부	101.1%
평균 가격		400 엔	101.8%
	(정가) (월간지 487엔, 주간지 247엔)		
발행 금액		1조 9,944억 엔	103.3%
판매 금액		1조 5,158억 엔	107.0%
금액 반품률		24.0%	+1.0%
	(월간지 25.5%, 주간지 15.2%)		

서적

		전년비
신간 종수	5만 3,890종	112.0%
발행 부수	14억 4,853만 부	104.9%
판매 부수	9억 6,182만 부	104.9%
평균 가격(정가)	1,075엔	± 0%
발행 금액	1조 557억 엔	103.1%
판매 금액	1조 339억 엔	103.0%
금액 반품률	33.6%	± 0%

35.8분이었다. 이것은 1992년보다 1분 감소한 시간이라고 한다. 1985년의 50분에 비하면 14분 감소한 셈이 된다. 1일 독서 시간의 분포에서는 '거의 없다' 가 전년도에 비해 1.1% 증가한

35.4%이고, 3분의 2에 해당하는 대학생의 독서 시간은 30분 이내가 되어 버렸다.

1인당 연간 구입 권수가 55권임에 반해서, 대학생 3분의 1의 1일 독서 시간이 전무한 것은 완전히 모순되는 현상이다.

이로 보면 대학생은 말할 것도 없고 일본인 전체가 독서를 경시하는 경향으로 흐르고 있다고 하지 않을 수 없다. 독서의 잡지화 경향, 활자를 떠나는 것은 곧 서적을 떠나는 것이다. 두꺼운 책, 2단 짜기, 3단 짜기의 전집은 거들떠보지도 않는 상태가 되었다.

이에 반해서 급속히 확산한 것이 정보 독서이다. 다시 말하면 정보를 새로운 흥미와 관심거리로 게재하는 주간지, 잡지의 대두는 눈이 어지러울 정도이다. ≪피아≫와 ≪TOKYO WALKER≫가 젊은이의 인기 잡지임이 그 점을 말해 주고 있다.

한편 ≪소년 점프≫(620만 부 발행)를 비롯해서 ≪소년 매거진≫, ≪소년 선데이≫, ≪영 매거진≫ 등 만화 책의 인기도 간과할 수 없다.

만화, 정보지가 활자 미디어 중심의 서적을 몰아낸 것이다.

서적 독서를 등산 독서, 중(重)독서라고 한다면, 정보지, 만화는 하이킹 독서이자 경(輕)독서이다. 독서가 시대와 함께 변화하고, 독서의 소재가 종이 미디어에서 시간 미디어, 음향 미디어, 전자 미디어 등 여러 갈래로 갈라진 것을 인정하지 않을 수 없다.

어느 분야의 서적, 잡지가 출판되고 있는가

앞에서 서적, 잡지의 연간 총 출판량, 총 판매량을 알아보았거니와, 여기서는 각론으로서 어느 분야의 책이 어떻게 출판되고 있는지를 알아보기로 하자.

최근 조사에 대해서는 <표 14>를 참조해 주기 바란다.

1994년에 출판된 책 중에서는 사회과학서가 1만1천 772종으로 전체의 21.9%를 차지하여 가장 많았고, 다음으로 문학서가 1만 490종으로 전체의 19.5%를 차지했으며, 제3위는 예술서였는데 6천 705종이어서 전체의 12.4%였다. 상위에 속하는 세 장르에서 전체의 53.8%를 발행한 셈이 된다.

이제 그 내용을 잠깐 검토해 보자. 제1위인 사회과학서 중에는 취직 관계 문제집, 자격 시험 문제집, 교원 채용 시험 문제집 등이 813종 포함되어 있다. 특히 경영서, 비즈니스서를 내는 출판사들이 활발한데, 이 중에는 취직 문제집이 포함되어 있음을 알고 있지 않으면 안 된다.

이와 비슷한 현상은 예술서에서도 볼 수 있다. 예술서 6천 705종 중에는 만화서 1천 595종이 포함되어 있다. 신간으로 출판된 책 중에서 만화는 회화 부문의 만화, 삽화, 동화(童畵)에 속하는 것이다. 만화가 예술서 속에서 차지하는 비율은 23.7%이다.

예술서에 포함되는 만화 1천 595종은 서적으로 취급되는 만화이다. 만화를 출판하는 큰 출판사 슈에이샤(集英社), 고단샤(講談社), 쇼각칸(小學館), 아키타 서점(秋田書店) 등에서 출판되는 만화는 잡지로 취급되기 때문에 앞에서 말한 출판 점수 중에는 포함되어 있지 않다. 1994년의 연간 만화 발행 종수는 4천 615점이다.

94년의 잡지 분류별 발행 종수는 3천 902종으로 전년에 비해서 약간 증가했다.

일반 서점에서 잡지를 취급하는 종수는 평균적으로 1천 2백~1천 5백종이다. 발행 종수의 2분의 1 이하를 취급하는 데 대해 의문을 품을 사람도 있을지 모르지만, 이것은 잡지의 3분의 2가

<표 14> 서적, 잡지의 분류별 종수

서적

분 류	93년 종수(%)	94년 종수(%)
총 서	2,331(4.8)	2,637(4.9)
철 학	2,312(4.8)	2,526(4.7)
역 사	3,157(6.6)	3,410(6.3)
사회과학	10,614(22.1)	11,772(21.9)
자연과학	3,799(7.9)	4,194(7.8)
기 술	3,749(7.8)	4,363(8.1)
산 업	1,809(3.8)	2,179(4.0)
예 술	5,612(11.7)	6,705(12.4)
언 어	1,142(2.4)	1,327(2.5)
문 학	9,633(20.0)	10,490(19.5)
아 동 서	3,107(6.5)	3,333(6.2)
학습참고서	789(1.6)	918(1.7)
계	48,054(100)	53,854(100)

잡지

분 류	93년	94년	분 류	93년	94년	분 류	93년	94년
도 서	86	84	자연과학	49	49	일본어	11	10
종 합	70	75	의학·위생	359	285	영 어	17	17
철 학	29	29	공 학	454	475	타외국어	7	7
종 교	79	81	가 사	150	141	문학·문예	81	86
역사·지리	94	95	가축·임수	98	98	시	20	19
정 치	62	59	(家畜林水)			단카(短歌)	30	32
시국·해외	67	67	상사(商事)	102	101	하이쿠(俳句)	40	42
법 률	38	38	교통·통신	116	119	읽을 거리	396	419
경제·통계	206	201	예 술	99	111	부 인	73	73
사 회	92	97	음악·무용	85	94	청 년	6	6
노 동	59	58	연극·영화	45	46	아 동	202	206
교 육	188	187	체 육	274	277	학습참고	26	22
풍속·습관	14	13	예술·오락	71	83	계	3,895	3,902

전문 잡지이기 때문이다.

장르별로는 공학 잡지 475종, 대중 잡지 419종, 의학 위생 잡지 285종이 단연 많다. 이 세 분야의 잡지가 1천 179종이고, 시장점유는 30.2%이다.

전문지는 예약제가 원칙이기 때문에 서점의 점두에 나오는 일은 거의 없다.

잡지는 시대를 반영하는 출판물이다. 저팬 리그 붐이 일어났을 경우에는 축구 잡지가 전성기를 이루었고, 퍼스컴의 가격이 떨어지자 컴퓨터 잡지가 많이 창간되었다.

서점의 점두에 진열되는 책 중에서 인기 있는 잡지가 가장 좋은 자리를 차지하는 것은 당연한 일이다. 잡지는 서점 경영에서 쌀 창고 같은 존재이므로 각별히 힘을 쓰는 것은 당연하다. 시대의 반영을 빨리 깨닫는 일이 오늘날 서점에서 잡지를 담당하고 있는 사람이 해야 할 일이다.

다음에는 잡지, 만화, 서적의 순서로 그 상품의 특성을 알아보자.

<1> 잡지, 무크에 대하여

주간지의 생명은 뭐니뭐니 해도 신선도

잡지는 크게 주간지, 월간지, 만화, 무크(잡지 형태의 단행본)로 나뉜다. 그 중에서 주간지부터 알아보자.

현재 주간지라고 일컬어지는 것은 62종이 발간되고 있다(95년 6월 30일 현재). 토요일, 일요일을 제외하고 월요일부터 금요일까지의 5일간 발매일이 설정되어 있다. 예를 들면 월요일의

≪소년 점프≫, ≪주간 현대≫, ≪주간 포스트≫, 수요일의 ≪소년 매거진≫, ≪소년 선데이≫, 목요일의 ≪주간 분슌(文春)≫, ≪주간 신초(新潮)≫, 금요일의 ≪FRIDAY≫, ≪anan≫ 등은 독자가 잘 알고 있는 것들이다.

주간지의 생명은 신선도이다. 사회 현상을 재빨리 정확히 보도해야 할 사명이 있다. 돌발적인 큰 사건이 터질 때에는 텔레비전을 보완하여 텔레비전 이상으로 보도성(報道性)을 발휘하는 일이 있다.

주간지의 수명은 3일간이다. 또 주간지는 표제(標題) 독자가 많다. 발매일에 게재되는 신문 광고, 회사 내의 광고 등에 의해서 흥미를 끄는 기사가 눈에 띄면 독자의 발길이 매장으로 향하게 된다.

주간지는 특종 기사와 특집이 다른 잡지와의 차별화를 위한 전략이므로, 각 잡지의 특색을 살려 점두를 활기차게 해야 한다.

주간지는 계절성이 높은 특색도 있다. 7, 8월과 1월호는 판매 비율이 상승한다. 특히 관광지, 피서지, 해안, 스키장 주변에 있는 서점에서는 이 계절성을 잊으면 큰 손해를 보게 된다.

주간지의 판매 시장 점유율은 잡지 전체의 8~10%를 차지하는 것이 일반적이다. 반품률은 10% 이내가 되도록 해야 한다.

주간지의 추가 주문은 원칙적으로 할 수 없으나, 그 고장의 기사가 실릴 때의 주문은 1분을 다툴 정도로 미묘하다.

주간지와 유사한 것에는 격주간지와 월2회 발간지(반월간지)가 있다.

잡지는 확실히 살아 있는 것

월간지의 가장 알맞은 진열 기간은 7일간이다. 7일째 되는 날 조사해 보면 매입한 월간지의 85%가 팔리기 때문이다. 20일간 매진되는 수량을 매입 수량에 매입량으로 잡으면, 점두 매장은 항상 신선한 잡지로 가득 차게 될 것이다.

업계의 잡지 반품률은 23%(94년도)이다. 7일째 판매되는 상황을 철저히 조사하여 과잉 매입을 배제하고, 잘 팔리는 잡지는 적극적으로 정기(定期)에 구비하여 판매량의 폭을 넓히도록 노력하고, 수도권에서도 반품률을 20% 이내가 되도록 억제해야 한다.

전문 잡지는 서점의 메인 디쉬(정찬의 본 요리)이다. 그것은 상품이나 독자나 다 같이 반복율이 높기 때문이다. 서점에 오는 고객에게 가장 힘이 있고, 또한 정기적인 판매가 높은 상품이다.

상인의 꿈인, 원하는 상품이 원하는 날에 원하는 양만큼 원하는 곳에 갖춰지는 것이 잡지이다. 서적 베스트 셀러와 달라서 잡지는 그 서점에 뿌리를 내리는 상품이다.

그렇게 되기 위해서는 비료가 필요하다. 그것은 7일째의 판매율을 조사하여 그 결과를 활용하는 것이다. 잘 나가는 잡지, 잘 팔리지 않는 잡지, 옆에 늘어놓은 각 잡지들이 팔려 나가는 경향을 조사하여 판매에 반영하면 되는 것이다.

팔매율로 본 상위 30~50개의 잡지를 육성하는 일이나, 단 한 개의 잡지라도 30권 이상 팔리는 잡지를 육성하는 일은 평소에 관측을 꾸준히 한 결과에서 나오는 것이다. 잡지는 확실히 살아 있는 것이다. 창간지가 많은 것을 보면 알 수 있을 것이다.

잡지의 장르는 8개 항목으로 나뉜다.

즉, ① 아동·학생지 ② 여성지 ③ 가정지 ④ 대중지 ⑤ 종합 문예지 ⑥ 취미지 ⑦ 전문지 ⑧ 무크이다.

잡지의 종류는 3천 5백~3천 7백종이다. 이 중에서 위탁 잡지는 1천 2백~1천 4백종이다.

따라서 서점 점두에 진열되는 잡지의 종수는 1천 2백종 전후이다. 이 중에서 종수가 많은 장르는 취미지인데, 550종 전후이다. 취미지의 내용은 자동차, 음악, 스포츠, 낚시, 여행, 과학공작, 카메라, 미술, 실내 게임, 원예 등으로 분류된다.

잡지의 매출액 중에서 시장 점유율이 높은 것도 이 취미지이다. 아이템이 많은 점과 비례하는 것이지만, 상품 관리를 잘못하는 서점, 정기 개정(定期改正)을 할 수 없는 서점에서는 취미지가 제1위에 등장하지 않는다. 이것은 관리 상태가 나쁜 바로미터이므로 조속히 잡지 전체를 점검할 필요가 있다.

그 원인은 1종당 권수가 적기 때문에 빨리 매진되어 버린다는 점을 깨닫지 못해서 더 많이 팔지 못하는 데 있다. 그저 그렇고 그런 잡지들뿐이므로 독자도 몰려들지 않고, 점두에 없으면 다른 서점에 가서 사 버린다. 전문지와 비슷한 면이 있다. 고정 독자가 붙으면 확실히 부수가 증가한다. 3개월 연속 반품이 없는 취미지, 들어온 지 3일 이내에 다 팔려 버리는 취미지는 주의해야 한다. 예를 들면 ≪철도 팬≫(고유샤(交友社)), ≪철도 픽토리얼≫(전기차 연구회), ≪철도 저널≫(철도 저널사) 등의 책은 일단 체크해 두기 바란다.

취미지를 분석할 때에는 별도의 항목을 만들어 서점의 실례를 들어 상세히 기술해야 한다.

각 서점에는 반드시 특색이 있다. 여성 고객이 많다, 샐러리맨이 많다, 학생이 많다 등 제각기 고객층에 변화가 있다. 그 특색에 따라 잡지의 팔림새도 변화한다. 잘 팔리는 장르는 매출액이 높고 반품률도 낮다.

자기 서점에서 취미지 다음으로 어느 장르가 잘 팔리고 있는

지 파악할 필요가 있다. 매월 28일에 대량으로 상품이 입하하므로, 자기 서점은 여성지가 잘 나가는 줄 알고 있었는데, 실제로는 아동지가 더 잘 팔리는 경우도 있다. 여성지, 가정지, 아동지는 서로 잇따라 팔리는 관계가 있는 잡지이다.

잡지는 위탁을 받아 판매하는 책이다. 잡지 이름은 똑같을 지라도 매달 그 내용은 신간이므로 서점이 적정한 매입을 하지 않으면 반품이 생긴다. 현재 도매점의 컴퓨터 시스템으로 말미암아 잡지가 감소해 가는 경향이 있으므로, 서점이 스스로 팔리는 수치를 정확히 파악하고 있지 않으면 잡지 매장은 자꾸만 텅 비어 버리게 된다. 그 점을 깨달을 때는 이미 때가 늦다. 회복하기까지 3개월 정도 걸린다는 것을 각오하지 않으면 안 된다. 특히 이런 경향은 신규 서점 중에 많다.

잡지의 흥미, 어려움은 창간호에 있다. 도전하는 정신을 발휘하여 대담하게 매입하여 완전히 팔아 버릴 때의 쾌감은 각별한 것이다. 발행처의 선전 자세에 편승하여 적극적으로 전시하고 판매하는 데 힘을 쓰지 않으면 창간호의 성공은 가망성이 없다.

이런 경향과 비슷한 것이 증간호, 임시호이다. 예를 들면 올림픽 특집호는 선수의 활약, 스타 출현의 유무, 기록의 속출 등에 의해서 인기를 얻는 상태가 달라진다. 그 고장의 선수가 메달을 따면 당연히 그 지역에서는 잡지가 잘 팔린다.

취미지를 추적·분석하여 고객층을 파악한다

<표 15>는 가상으로 정한 Y서점의 판매 데이터이다. 이 중에서 취미지의 구실, 중요성을 파악하기 바란다.

이 Y서점은 고객수가 뜻과 같이 늘어나지 않고, 판매 성적도 오르지 않는다. 그 원인은 고객층과 상품이 일치하지 않기 때문이라는 결론에 도달했다. 그래서 고객층을 조사하게 되어 통행

량 조사, 통행자 조사, 서점 안으로 들어오는 사람 조사 등을 실시하고, 한편으로는 잡지의 팔림새를 분석하는 일이 고객 성분을 조사하는 일에 직결된다고 생각하여 실시했다. Y서점의 8월호~10월호 판매 실적을 보기 바란다. 이 표에서 특징적인 점을 지적해 보자.

① 취미지의 판매 시장 점유율이 이상하게 높아, 전체의 35.4%를 차지하고 있다.

② 주간지 5.9%의 시장 점유는 낮은 것이 아닐까?

③ 여성지, 가정지를 합치면 18.8%인데, 이것은 취미지 다음으로 많다.

취미지의 판매 권수가 다른 잡지에 비해서 압도적으로 많다. 특히 10월호의 취미지 판매 점유율은 46.4%여서 거의 반에 가깝다. 잡지 매장 중에서 취미지는 여성지, 가정지, 아동지에 비해서 평대(平臺)의 진열은 적다. 책꽂이가 많은 것으로 보아 매장 효율이 높은 장르라 할 수 있다.

다음에 Y서점에서 취급하는 취미지의 매출 내용 분석을 실시하여, 10가지 장르로 분류된 취미지 중에서 어느 잡지가 잘 팔리는지 서점의 경향을 파악하기 바란다.

Y서점의 취미지 매출 내용 분석을 살펴보자(<표 15>). 취급하는 종수는 617종인데, Y서점의 잡지 총 종수인 1천 766종의 34.9%에 해당한다. Y서점에서 취급하는 종수는 적은 편이 아니다. 그 3분의 1이 취미지인 점도 놀라운 일이다.

다음으로 취미지 617종 중에서 가장 많은 것이 스포츠, 낚시 142종(23%), 두 번째는 자동차 잡지 122종(19.8%)으로 나와 있다.

Y서점의 매출액 중에서 가장 많은 것은 자동차 잡지(모터)인

<표 15> Y 서점 8월호~10월호 잡지 판매 분석

잡지 일반

	주간지	아동·학생지	여성지	가정지	대중지	종합·문예지	취미지	전문지	계
8월호	165권	658권	561권	186권	369권	101권	738권	154권	2,932권
9월호	203권	782권	617권	220권	469권	119권	1,295권	262권	3,967권
10월호	255권	379권	290권	124권	327권	210권	1,736권	420권	3,741권
계	623권	1,819권	1,468권	530권	1,165권	430권	3,769권	836권	10,640권
판매 점유율	5.9%	17.1%	13.8%	5.0%	10.9%	4.0%	35.4%	7.9%	100.0%
취급 잡지수	107종	167종	174종	63종	254종	96종	617종	288종	1,766종
취급 비율	6.1%	9.5%	9.9%	3.6%	14.4%	5.4%	34.0%	16.2%	100.0%

취미 잡지

취미 일반	스포츠·낚시	모터	여행	카메라·미술	실내 게임	예능	음악	원예	과학	공학	계
8월호	12권	84권	291권	69권	17권	90권	49권	68권	4권	54권	738권
9월호	62권	228권	408권	61권	33권	146권	54권	185권	4권	114권	1,295권
10월호	78권	265권	533권	93권	48권	196권	85권	276권	21권	141권	1,736권
계	152권	577권	1,232권	223권	98권	432권	188권	529권	29권	309권	3,769권
판매 점유율	4.0%	15.3%	32.7%	5.9%	2.6%	11.5%	5.0%	14.0%	0.8%	8.2%	100.0%
1종당 평균 판매	3.0권	4.1권	10.1권	7.2권	3.5권	8.5권	7.8권	5.6권	2.4권	4.9권	-
취급 종수	50종	142종	122종	31종	28종	51종	24종	94종	12종	63종	617종
취급 비율	8.1%	23.0%	19.8%	5.0%	4.5%	8.3%	3.9%	15.3%	1.9%	10.2%	100.0%

데, 32.7%를 차지하고 있다. 3개월간 판매된 권수는 1천 232권인데, 취급하는 잡지수 122종으로 나누면 잡지 1종당 평균 권수는 10.1권이 된다. 취급하는 비율에 비하면 판매 비율이 높아, 효율이 좋다는 것을 나타내고 있다. 판매 권수 제2위는 스포츠, 낚시 잡지(15.3%)이다.

Y서점은 현재 고객수가 신장되지 않고 있음을 자각하여 상품

구성과 독자의 요구가 일치하지 않아서 인기가 없다는 점을 생각하고, 잡지를 철저히 분석하기 시작했다.

그 결과 취미지의 이상한 팔림새, 즉 모터지, 스포츠지가 취미지의 48%를 차지하고 있음을 알았다. 남성 고객이 많다는 것을 알게 됨과 동시에, 취미지는 평대를 사용하는 빈도가 적기 때문에 언제 품절되었는지 알기 어려운 상품임을 알았다. 취미지는 목적이 있어서 사게 되는 잡지이므로 사고자 하는 잡지를 반드시 살 수 있는 서점이면 고정 고객은 늘어날 것이다. 모터지라 하더라도 2륜(二輪), 4륜(四輪), F1, 매니아(동호인)용, 새 차, 스포츠카, 중고차 등 분야는 넓다.

스포츠지도 마찬가지다. 골프, 테니스, 스키, 사이클, 스카이 스포츠, 럭비, 축구, 낚시, 스쿠버, 육상 경기, 농구 등이 있는데, 어느 잡지가 몇 권이나 입하되어 며칠간 팔리고 있는지, 팔림새의 신장률은 어떤지 등을 분석할 필요가 있다. 모터지, 스포츠지 중에서 잘 팔리는 원인은 무엇인지 밝혀 내야 한다.

잡지를 분석한 결과를 판매 촉진을 위한 수단으로 쓰지 않을 수 없다. 즉 주 고객층을 알았으면 타깃에 맞춘 서적 분야를 충실히 하여 특매 행사를 하면 된다.

독자는 자연히 불어나는 것이 아니다. 활기 있는 서점, 매력 있는 서점의 요소가 넘쳐 흐르면 서서히 고객수는 늘어난다. 독자들이 가장 많은 서점을 파악하여 독자의 요구를 확인하고, 상품 구성을 오버랩시키면 된다. 잡지는 정기 간행물이기 때문에 수량 평가를 하기 쉽다. 따라서 그 변화를 알 수 있게 된다. 고객에 대한 의식을 강하게 지니지 않으면 고객수를 늘리는 방법은 나오지 않는다.

무크는 의붓자식 취급에서 벗어날 수 있는가

무크(Mook)라는 말이 처음으로 쓰인 것이 1973년이니까, 20년의 역사가 지났다. 매거진(Megazin)과 북(Book)과의 합성어임은 말할 것도 없다. 이 20년간 서적과 잡지와의 경계는 점점 더 알쏭달쏭해지고 있다.

1994년 무크는 신간 종수 2,069종, 발행 부수 1억 9,349만 권이다. 10년 전인 85년과 비교하면, 85년의 발행 종수가 1,349종, 발행 부수가 8,339만 권이니까, 종수로는 15%, 부수로 232%가 증가했다.

출판 내용은 취미, 아동, 컴퓨터, 음악, 미술, 역사, 과학 등 여러 분야에 걸쳐 있다.

만화는 담당자가 배치되어 있음에 반해서 무크는 담당자가 거의 없다. 잡지 담당자가 틈틈이 관리하거나 실용서 담당자가 담당하거나 해서 책임 소재가 불분명했다. 그 결과 잡지의 반품률이 높은 원흉은 무크라는 명예롭지 못한 입장에 서 있었다.

이렇게 된 원인으로는 담당자가 없다는 것 외에 무크 칸이 고정되어 있지 않은 것, 만화보다는 시리즈 같은 성격이 희박한 것, 상품의 배치가 분산되기 쉬운 것, 진열 기간에 일정한 규정이 없는 것 등을 들 수 있다.

그러나 1992년 이후 도매점에 의해서 무크의 정번화(定番化) 운동이 정착하기 시작했다.

원래 무크는 서적을 잡지화하려는 발상에서 나온 것이다. 요컨대 서적으로 간행하면 특정 서점만의 유통으로 전국 서점에 배본하기가 불가능하다.

잡지로 취급되면 대량 부수가 일시에 유통되는 장점이 있다. 바로 이 점에 착안하여 무크가 탄생했다. 그러나 현재의 상황으로는 유통상, 정산상(精算上) 잡지를 서적화했다고 생각하는 편이 더 낫다.

다시 말하면 서적처럼 매출 카드(슬립)를 넣어 보충해서 회전시키는 기능을 갖게 된 것이다. 잡지의 이미지로는 그 달로 한정하거나, 팔리는 대로 내버려 두었다가 보충하는 것과는 관계가 없었으나, 이것을 상품으로 늘 준비해 두는 서적과 마찬가지로 점두 책꽂이에 진열하고, 매출 카드에 의해서 상품을 관리하는 것이다. 물론 회전이 잘되는 상품은 서적과 마찬가지로 평대(平臺)에 내놓는 상품이 되어 점두에서 사라지지 않도록 한다.

현재 무크를 발행하고 있는 출판사 수는 113개사이다. 유통하고 있는 무크의 종수는 2천종 이상에 이른다.

현재 무크는 반품 기한이 없기 때문에 점두에 팔다 남은 무크가 많은 현상이 눈에 띈다. 잘 팔리는 상품은 지체 없이 팔아버리고, 남은 상품은 책꽂이에 그대로 꽂혀 있다. 이런 현상만을 보고 '무크는 팔리지 않는다', '남는다', '팔림새가 더디다'는 평가를 내리면 안 된다. 실제로는 독자들이 사 가고 있다.

특히 무크는 저자, 발행처를 보고 사 가는 것이 아니라, 내용을 보고 사 가는 실용서이다. 주문이 들어와서 팔리는 책은 아니다. 팔리는 무크는 장기간에 걸쳐 판매할 수 있는 스테디 셀러 상품이다.

문예서, 평론, 에세이, 경영서가 문고화하는 것과 마찬가지로, 실용서, 지도 가이드가 무크화하는 현상은 앞으로 점점 더 심해질 것이다.

실용서가 모두 다 무크화한다고 해도 지나친 말은 아니다. 그 이유는 보기가 쉽기 때문이다. 다시 말하면 활자 중심의·책에서 좀더 비주얼하게, 좀더 아름다워져서 즐거움을 가져다 주기 때문이다.

판형이 커지고 색채화하는 것으로 책의 체재가 변한 것은 필연적이다. 2차 사용할 수 있고, 페이퍼백 스타일이기 때문에 값이 싼 것도 매력이다. 이와 같은 기대를 할 수 있는 출판 형식 이면서도 안정된 장르가 되지 않는 것은 안타까운 일이다.

잡지 판매 성적이 좋은 서점을 보면, 무크도 정말 잘 팔고 있 다. 무크의 정기적 전시회를 실시하고 있는 것이 특색이다. 무 크는 확실히 팔리는 상품이다.

<2> 만화에 대하여

만화 문화는 정착했다고 볼 수 있다

활자와 멀어졌다는 말이 나온 지도 오래되었거니와, 그 때마 다 증거로 등장하는 것이 만화이다. 요컨대 만화가 새로운 미디 어의 대표 선수로 등장하고, 만화 출판물이 급성장하여 활자 미 디어의 영역을 침범했다고 보는 것이 일반적이었다. 특히 '젊은 이는 만화밖에 보지 않으니, 활자본은 장차 어떻게 될 것인가' 하는 말을 듣기도 한다. 일부 유식(?)한 사람들은 만화는 경박 한 것이고, 활자본만이 문화를 지니는 것이라고 생각하는 사람 도 있으나, 이런 생각은 시대의 변화를 인식하지 못하는 견해이 며 편견이라는 말을 들어도 어쩔 수 없다.

만화 현상에 대해서 살펴보자. 일본출판과학연구소에서 조사 한 바에 의하면, 만화의 연간 매출액은 1993년에 2천 410억 엔 이었는데, 전년도에 비해서 10% 증가했다. 이 해의 만화 신간 종수는 5천 157종이었고, 신간 부수는 6억 5천 7백만 권이었 다. 만화잡지와 만화책을 합치면 전 출판물 판매 부수의 39.3%, 매출액의 23%를 차지하고 있다.

《소년 점프》는 6백만 부 이상이 발행됐고, 이 외의 만화잡 지도 《소년 매거진》 230만 부, 《소년 선데이》 1백만 부로

≪소년 챔피언≫을 보탠 소년 만화 4대지가 1주일에 약 1천만 부 발행했다.

그리고 소녀대상 만화잡지의 임시 증간호로서 직장 여성과 학원을 대상으로 한 ≪레이디스 코믹≫이 성공을 거두었다.

≪Lady's Comic You≫(集英社) 75만 부를 비롯하여 ≪실키≫(白泉社), ≪Be Love≫(講談社) 등 60종 이상이 한 달에 1천만 부를 파는 시장으로 성장했다. 여성은 만화를 아주 좋아한다고 한다. 소년 만화잡지, 여성 만화잡지에 ≪비그 코믹≫, ≪만화 액션≫ 등의 성인용 만화잡지가 현재의 만화잡지계를 지탱하고 있다.

남성 만화지(소년용, 성인용)와 여성 만화지(레이디스용)에서 대조적인 것은 만화 작가의 입장일 것이다. 남성용의 경우에는 작가가 각 출판사에 전속되어 있으나, 여성용은 발행처에 작가가 전속되어 있지 않다. 어느 잡지에 원고를 써 주어도 좋은 해방된 입장이다. 소녀 만화잡지가 육성되지 않은 원인 중 하나가 여기에 있었다고 말하는 사람도 있다.

슈에이샤(集英社)에서 만화 작가를 육성한 것은 유명한 일이거니와, 작가측도 2차 사용물인 만화 단행본으로 인해 일세를 풍미한 사람이 많다.

만화잡지와 만화 단행본의 독서 실태를 1994년 가을 독서 주간에 실시된 '독서 여론 조사'를 통해서 살펴보기로 한다.

"최근에 만화잡지를 읽으셨습니까?"라는 질문에 대해서 "읽었다"고 대답한 사람은 여성 27%, 남성 37%여서 10%의 차이가 있다. 남성의 경우 연대별로는 10대 79%, 20대 64%, 30대 48%, 40대 36%로 되어 있다. 만화류가 40대에도 침투해 있음을 알 수 있다.

여성의 경우에는 10대 65%, 20대 45%, 30대 31%여서, 남성과 마찬가지로 연령이 높아 갈수록 읽는 사람이 적어졌다.

직업별로는 남성은 학생이 4명 중에 3명 이상이, 여성도 학생이 3명 중에 2명 가까이 되었다.

다음에는 만화 단행본을 어느 정도 읽는가가 문제인데, "최근에 만화책을 읽어 보았습니까?"라는 질문에 대해서 "읽었다"라고 대답한 사람은 남성 26%, 여성 17%여서 만화잡지와 같은 상태이다.

연령별로는 남성은 10대 58%, 20대 38%, 30대 22%, 여성은 10대 40%, 20대 23%, 30대 15%다.

다음에는 만화를 읽는 의식과 활자본을 읽는 의식과의 차이를 알아보자.

만화책을 읽는 사람 중에서는 남성은 '소년 만화' 54%, '청년 만화' 48%여서 단연 높게 나타났다. 작품으로는 『드래곤볼』이나 『침묵의 함대』가 대표적이다.

여성은 '소녀 만화'가 51%로 압도적이고, 다음으로 '소년 만화' 26%이다.

특징적인 것은 '취미·실용 만화'이 12%로 비교적 높은 지지를 얻고 있다. 이것은 주로 고령자의 지지라고 생각된다. '일본의 역사', '종교' 등과 같은 테마의 만화가 많이 읽히고 있다.

만화책과 활자본을 읽는 목적의 차이에 대해서 알아보자.

만화잡지, 만화책을 읽는 목적(이유)에서는 '잠시 쉬려고, 시간을 보내려고'가 89%로 단연 높다. 다음은 뚝 떨어져서 '이야기 거리를 얻으려고'가 14%, '정보를 얻으려고'가 9%, '취미·교양을 위해서'는 8%밖에 안 된다(복수 회답).

연령별로는 10대~30대에서 압도적으로 '잠시 쉬려고'가 많다.

활자본을 읽는 목적으로는 '취미·교양을 위해서'가 49%, '잠시 쉬려고, 시간을 보내려고'가 39%, 3위는 '정보를 얻으려고' 29%, 4위는 '일과 공부를 위해서' 20%, 5위는 '이야기 거리를 얻으려고' 13%의 순이다.

특징적인 현상은 10대~30대 세대에서는 만화이나 활자본을 읽는 목적에서 '취미·교양'과 '잠시 쉬려고, 시간을 보내려고'가 근접해 있다는 것이다. 독서 전체에서 딱딱함이 느껴지지 않는 장점이 엿보인다.

독서 시간에 대해서 알아보았더니 만화는 짧고, 활자본은 길다는 것을 알 수 있었다.

"당신이 만화를 읽는 날은 며칠이나 되는가?"라는 질문에 대해서 일주일에 1일 이상 읽는 사람이 19%였다. 그러나 "만화는 읽지 않는다"라고 대답한 사람이 50%에 이른 것을 보면, 평균해서 1인당 1개월에 2.7일 읽는 셈이 된다.

한편 활자본은 '매일'이 11%, '주 4~5일'이 10%, '주 1~2회'가 17%이고, 일주일에 1회 이상 읽는 사람은 38%, 평균하면 1개월에 6.8일이 되어, 만화에 비하면 활자본(서적)을 읽는 시간은 2.5배가 된다.

여기서 만화가 아무리 독서계를 석권하고는 있다 하더라도 읽는 시간은 활자본(서적) 쪽이 훨씬 더 많다는 것을 알 수 있다. 이것은 만화는 단시간에 읽을 수 있다는 점도 있지만, 발매일 직후에 집중해서 읽는 사람이 많은 것을 나타내고 있는 듯하다.

정보는 활자에만 한정된 것은 아니다. 만화, 영상, 화상(畵像), 음향, 전자에 의해서 표현되는 시대가 되었다. 이해하기 쉬운 정보 미디어가 앞으로의 정보 사회를 선도할 것임은 틀림없다.

만화나 활자본이나 다 같이 10대~30대에서는 똑같은 의식으로 읽는다는 사실을 알았다.

교양주의적인 독서관이 변화하고 있음을 인식하고, 점두에서의 독서 보급에 활용하지 않으면 안 된다.

서점은 만화의 적절한 관리 방법을 더 배워야한다

만화의 판매액은 거의 대부분 서점에서 잡지 다음으로 높은 판매율을 차지하고 있다. 서점에서 이익이 가장 많이 남는 것이 만화이다.

업계에서의 만화 판매액은 1984년에는 1천 80억 엔, 1993년에는 2천 410억 엔이어서 10년간 223%나 올라갔다.

업계 전체의 판매액이 1984년에는 1조 6천 386억 엔, 1993년에는 2조 4천 992억 엔이어서 10년간 신장률이 152%이니까, 만화의 신장이 업계의 신장보다도 훨씬 더 큼을 알 수 있다.

만화 출판 활동의 활발성은 신간 종수가 많음을 보아도 알 수 있다.

1993년의 만화 신간은 5천 157점이다. 이 해의 서적 신간 종수 전체는 4만8천 54종인데, 이 중에서 장르별 제1위는 사회과학 1만 614종, 제2위 문학은 9천 633종, 제3위 예술은 5천 612종(그 중 서적 취급 만화는 992종), 제4위 자연과학은 3천 799종으로 이어지므로 만화는 단독으로 세 번째의 발행 종수가 된다. 전체의 10.7%에 해당하는 것이 만화 신간이다.

점두에서의 판매 실적은 잡지 다음으로 많은 판매율을 차지하는 서점이 많지만, 만화를 판매·관리하고 있는 서점과 그렇지 않은 서점과의 사이에는 차이가 크다.

■ 만화의 관리 요령

① 만화 담당자를 정해 두는 것이 첫째 조건이다.
② 만화 신간 예고 일람표를 매장에 게시한다.
③ 만화 신간이 나오기 전에 도매점에 발주한다.
④ 서가는 남성용, 여성용, 성인용으로 나누고, 다시 작가별,

출판사별, 판형별로 나눈다. 남자는 내용을, 여자는 작가를 중시한다.

⑤ 신간이 들어오거든 발주 일람표에 입하 수량을 기입한다.

⑥ 예약자에게 줄 것을 확보하고, 나머지를 진열한다.

⑦ 만화는 중판되어 나오기까지는 '품절' 상태가 되므로, 일반 서적보다 주문 일수가 걸린다.

⑧ 보충 주문은 출판사별 일람표를 보고 중판 예정일에 늦어지지 않도록 출판사에 보낸다.

⑨ 매출액에 대한 매출 카드는 매월 출판사에 보낸다. 출판사는 이것을 각 서점 판매 실적 데이터로 삼아 입력하여 신간 송품(送品) 데이터로 삼는다.

1993년 도한의 데이터를 보면, 만화의 실제 판매 부수는 다음 5대 회사에서 전체의 82.8%를 차지하고 있다.

슈에이샤(集英社) — 27.5%

고단샤(講談社) — 22.6%

쇼각칸(小學館) — 22.2%

하쿠센샤(白泉社) — 6.8%

아키타 서점(秋田書店) — 3.7%

기타 — 17.2%

다른 서점에 들어가기 어려운 신간을 입하시키는 일이 만화 독자를 불리는 요령이다. 만화 5대 장르의 구성 비율은 다음과 같다.

남자 아이용 — 38.9%

여자 아이용 — 22.9%

성인용 — 33.5%

<표 16> 만화에 관한 데이터

출판물 전체(서적 잡지)에서 차지하는 만화의 점유율

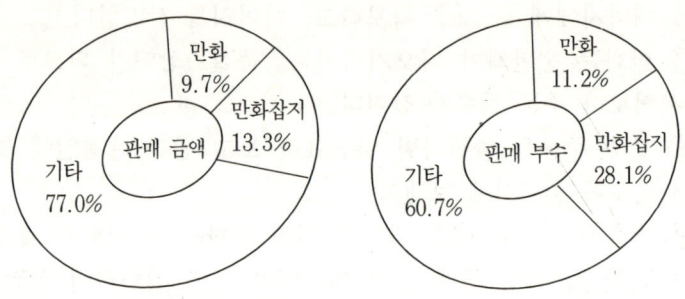

만화 신간 종수(서적 취급 · 잡지 취급별)   (종)

연도	잡지 취급		서적 취급		합계	
		전년비		전년비		전년비
84	2,441	117.9	681	128.2	3,122	120.0
85	2,623	107.5	652	95.7	3,275	104.9
86	2,850	108.7	646	99.1	3,496	106.7
87	2,929	102.8	819	126.8	3,748	107.2
88	3,075	105.0	869	106.1	3,944	105.2
89	3,357	109.2	911	104.8	4,268	108.2
90	3,698	110.2	923	101.3	4,621	108.3
91	3,694	99.9	876	94.9	4,570	98.9
92	3,766	101.9	887	101.3	4,653	101.8
93	4,165	110.6	992	111.8	5,157	110.8

『출판 지표 연보 '94』(日販) 중에서.

아동용 ― 2.4%
레이디스용 ― 2.3%

<3> 서적에 대하여

서적의 범주는 넓다. 여기서는 점두 진열, 독자 수요, 판매 실적 등을 고려하여 분류한다.

장르는 다음과 같다.

실용서, 문고, 신서(新書), 문예서, 아동서, 학습 참고서, 사서(辭書), 비즈니스서, 인문 도서, 법경서(法經書), 교육서, 예술서, 이공학서, 컴퓨터서, 양서(洋書), 향토서(鄕土書) 등이다.

'실용서'는 풍요한 생활을 안내해 준다

주휴 2일제가 정착되어 일본인의 라이프 스타일이 변했다. 레저의 확대, 여가 시간의 활용으로 평생 교육에 충실해져 각자의 개성을 갈고 닦는 시대가 되었다. 실용서는 풍요한 생활의 지식서(知識書)로 클로즈업되어 점두의 판매량을 늘려 주었다.

① 부인 실용서

결혼 - 임신, 출산, 육아, 이름

요리 - 요리, 미식(美食), 도시락, 과자, 술

미용 - 미용, 다이어트, 패션, 머리

점 - 점, 운세 판단, 역(曆)

양재 - 양재, 일본옷, 의복

수예 - 수예, 뜨개질, 공예, 크라프트

다도 - 다도, 꽃꽂이

② 취미 실용서

바둑 - 바둑, 장기, 마작, 슬롯머신, 체스

경마 - 경마

페트 - 열대어, 개, 고양이, 사육, 작은 동물
카메라 - 카메라, 콜렉션, 우표, 옛날돈
속임수 - 트럼프, 속임수, 실내 게임, 가라오케,
　　　　연회 재주놀이, 제비 뽑기
퍼스컴 - 퍼스컴, 워드프로세서, 게임 공략책

③ 생활 실용서
　건강 - 가정 의학, 약에 관한 책, 건강
　관혼상제 - 식사, 인사, 스피치, 매너, 중매인, 혼례, 묘,
　　　　　　장의
　편지 - 편지, 문서, 펜글씨, 연하장, 서도, 사전
　주거 - 맨션, 주택, 집안 목공일, 페인트, 보수
　원예 - 가정 원예, 1평 농원, 관엽 식물, 산야초,
　　　　분재 원예, 식물 도감
　도안 - 도안, 컷, 일러스트, POP, 간단한 인쇄
　수첩 - 수첩, 일기

④ 스포츠 실용서
　골프 - 입문, 중급, 상급, 매너, 룰, 여성, 골프장 안내
　스포츠 - 축구, 야구, 수영, 구기, 체조, 육상 경기, 등산,
　　　　　댄스
　해양 스포츠 - 스쿠버, 다이빙, 요트, 투링(카누 여행)

⑤ 자격 · 취직 시험
　운전 - 각종 면허, 자동차, 오토바이
　자격 - 공무원, 각종 자격 시험
　취직 - 고교생, 초급 대학생, 대학생, 면접, 상식, 소논문

⑥ 지도 · 가이드북

지도 — 시가 지도, 현별 지도, 도로 지도,
　　　　 일본 · 세계 지도, 해외 도시 지도, 주택 지도,
　　　　 산악 지도, 1만분 · 2만 5천분 · 5만분의 1 지도,
　　　　 해외 도시 지도
가이드 — 국내 가이드북, 해외 가이드북, 매물 가이드,
　　　　 해외 회화서, 포켓 사전, 등산 가이드북

중 · 소형 서점에서는 '실용서'의 점유율이 높다

실용서는 대형점을 제외하면 서적 매출 중에서 높은 점유율을 자랑하고 있다. 앞으로도 계속해서 신장할 가능성이 있다.

그 이유로 실용서는 세 개의 얼굴을 가지고 있는데 그 하나하나가 다 시대적인 요구에 맞기 때문이다. 즉 제1의 얼굴은 이른바 실용서(생활에 도움이 되는 책), 제2는 취직 · 자격에 관한 책, 제3은 지도 · 가이드이다.

최근의 독서가 교양 독서에서 정보 독서로 변화하고 있는 것은 사실이다. 이 시대성으로 인해서 실용서의 수요를 기대할 수 있다.

실용서의 특색으로 계절성이 높은 경우가 있다. 부인 실용서 중에서 편물서는 9~12월, 칠석 때의 색종이로 된 책, 3~4월의 도시락에 관한 책 등이 그런 경우에 해당한다.

스포츠서 중에는 저팬 리그, 프로 야구 개막 전의 선수 인명록, 크리스마스 전의 댄스 교본, 여름산의 등산 가이드 등이 있다.

자격 시험의 실시는 7월과 10월에 전체의 40%가 집중되어 있다. 따라서 그것과 관련이 있는 서적은 그 3개월 전이 피크이다.

〈표 17〉 매장 규모별로 본 부문별 매출액 구성 비율

(%)

부문 \ 매장 규모	20평 이하	21~ 40평	41~ 60평	61~ 80평	81~ 100평	101~ 150평	151평~ 이상
잡 지	54.7	45.4	40.6	38.1	33.3	29.1	23.4
만 화	15.6	16.4	16.1	16.3	15.5	14.2	7.8
아 동 서	3.6	3.7	4.6	3.8	3.5	5.0	4.4
실 용 서	4.4	5.8	6.7	7.6	8.9	7.3	7.3
지도·여행	1.9	2.3	3.1	3.7	3.9	3.6	3.9
비즈니스	1.2	1.6	2.2	2.8	3.3	4.5	5.2
문 고	6.5	7.2	7.9	8.2	8.7	8.4	7.9
신 서	2.0	2.7	3.3	2.7	2.9	3.1	3.6
문 예 서	5.1	6.0	6.7	6.8	7.5	8.7	10.6
학습 참고서·사전	2.3	3.6	4.5	4.9	5.7	7.2	10.0
전 문 서	—	2.6	1.7	2.7	3.7	7.0	13.2
판매용 비디오	1.4	1.7	1.8	1.6	2.1	1.3	1.7
도서권·고객주문 등	1.3	1.0	0.8	0.8	1.0	0.6	1.0

『헤이세이 7년판 서점 경영의 실태』(도한) 중에서.

　취직 시험은 4월 신학기부터 여름 방학 전까지가 피크다. 불경기일수록 시험서는 많이 팔린다.

　지도, 가이드북은 12월을 제외하고 일년 내내 팔리지만, 역시 봄방학, 여름 방학, 가을의 행락철이 중심이다. 스키책은 여름철부터 팔리는데, 특히 스키복이나 스키 상품을 소개한 책은 여름과 가을이 대목이다.

　실용서만큼 시대를 반영하는 출판물은 없다. 일종의 유행서라고 해도 좋다. 현재는 퍼스컴, 퍼스컴 통신, 인터넷 등이 인기 있는 장르이다.

　경마 인구도 불어나고 있다. 입지에 따라서는 경마 전문 코너를 만들어 고객을 모으고 있는 서점도 있다. 미식, 다이어트, 점(占)은 여성에게 관심이 가는 일이다. 오피스가에서는 필수 코너이다.

또다시 일어난 '문고' 붐의 배경

1993년에 간행된 문고는 신간 종수 4천 434종, 발행 부수 4억 5천 66만 권, 판매 부수 3억 194만 권, 금액으로는 1천 483억 엔, 전년비 3.3% 증가, 반품률은 33%이다.

서적 전체 매출액의 15%를 차지하고 있고, 갓난아기를 포함하여 국민 1인당 1년에 2.5권의 문고를 읽고 있다는 계산이 된다.

신간은 매일 17.4권 발행되고 있는 셈이 된다. 쇼와 2년에 창간된 이와나미 문고(岩波文庫)가 70년 걸려 출판한 종수가 지금은 1년간 출판되어 버린다.

문고 붐은 제2차 세계 대전 후에 다섯 번 있었다.

제1차 붐은 쇼와 26년에 있었는데, 가도카와 문고(角川文庫)가 쇼와 21년에 탄생하여 이와나미, 신초(新潮), 가도카와 시대가 되었으며, 쇼와 26년에 약 90가지의 문고가 발간되었다.

제2차 붐은 쇼와 46년에 있었는데, 고단샤 문고가 대번에 50여 종을 창간했다.

제3차 붐은 쇼와 48년 주오 문고(中央文庫), 49년 분슌 문고(文春文庫)의 탄생으로 있었다.

제4차 붐은 쇼와 59년, 고분샤 문고(光文社文庫), PHP 문고, 와니 문고, 게이분샤 문고(勁文社文庫), 지테키이키카타 문고(知的生き方文庫), 고단샤 X문고 등의 등장으로 이루어졌다.

제5차 붐은 헤이세이 원년, 가도카와 스니카 문고, 도쿠마(德間) 파스테르 시리즈, 후타바샤(雙葉社) 이치고 문고, 가쿠슈 겐큐샤(學習研究社) 레몬 문고가 신규로 참여하여 문고전(文庫戰)은

혼전 상태가 되었다.

내용적으로도 고전 지향, 교양 지향의 문고는 별로 활기를 띠지 못하고 문예 지향이 되었으며, 처음부터 새로 쓴 문고도 있다. SF에 자극을 받아 환상적인 문고가 대두하기 시작했다.

이처럼 여러 차례 문고 붐이 일어난 배경은 무엇이었을까? 그 배경을 알아보자.

① 문예서를 읽지 않는 경향이 있다.
② 상품이 소형 경량화하고 있다.
③ 가격이 싼 상품이기 때문에 복수로 사는 일이 많다.
④ 목록을 완비한 정도가 다른 장르에 비해서 높다.
⑤ 발행처를 보고 사는 경향이 강하고, 상품 관리가 쉽다.
⑥ 반품을 할 수 있어서 안심하고 구비할 수 있다.
⑦ TV화, 영화화, 화제화에 반응하기 쉽다.
⑧ 서점에 문고 담당자가 있는 일이 많다.
⑨ 문고를 취급하지 않는 서점은 거의 없다.
⑩ 편의점에서도 취급하여 어디서나 살 수 있게 되었다.
⑪ 문고는 진열하기 쉬운 상품이다.
⑫ 문고의 신간은 정기적, 계속적이다.
⑬ 문고 신간 정보는 구하기 쉽다.
⑭ 문고의 신문 광고를 독자는 잘 보고 있다.
⑮ 문고 발행처와의 파이프 역할을 하고 있다.

문고의 판매 관리는 다음 세 가지 점에 주의해야 한다.

첫째, 신간과 기간본의 팔림새 비율이 3 대 7이므로, 기간본의 스테디 셀러는 품절시키지 말아야 한다. 발행처 조사에서 나타난 정번(定番) 상품을 자기 서점의 것으로 삼아 소화해야 한다.

<표 18> 문고 시장의 추이

연도	출고 부수		판매 부수		판매 금액		반품률
	만 권	전년비	만 권	전년비	억 엔	전년비	%
1985	4억 0,000	—	2억 7,000	—	1,100	—	32.5
1986	4억 1,300	3.2	2억 8,300	4.8	1,185	7.7	31.5
1987	4억 1,570	0.7	2억 9,300	3.5	1,245	5.1	28.8
1988	4억 3,200	3.9	3억 0,000	2.4	1,270	2.0	30.6
1989	4억 4,000	1.9	2억 9,700	▲1.0	1,274	0.3	32.5
1990	4억 4,480	1.1	2억 9,640	▲0.2	1,313	3.1	33.4
1991	4억 3,300	▲2.7	3억 0,400	2.6	1,398	6.5	29.8
1992	4억 4,200	2.1	3억 0,400	0.0	1,435	2.6	31.8
1993	4억 5,066	2.0	3억 0,194	▲0.7	1,483	3.3	33.0

『출판 지표 연보 '94』(日販) 중에서.

둘째, 신간 광고는 각 발행처가 역량을 쏟아 침투도가 높으므로, 신간 발주는 만화와 마찬가지로 사전에 하는 것이 필수 조건이다.

셋째, 발행처 일람표에 의한 재고 조사와 발주를 최소한 한 달에 1회는 해야 한다. 매출액 판매 전표는 매월 정기적으로 송부한다.

'신서' 는 스테디 셀러 중심으로 구색을 갖출 것

신서는 픽션, 논픽션, 하우투((how to) 신서, 교양 신서 등 4종의 장르로 분류된다.

픽션은 문예서와 같은 장르인데, 이름이 널리 알려진 작가는 문예서와 중복된다.

신서의 진열은 문고에서 가까운 곳, 또는 문예서 근처에 한다. 신서 코너라 하여 한곳에 모으는 것은 발행처 지향, 서점측 지향이어서 책을 찾는 입장이 되면 불편한 일이 있다. 특히 하우투 신서는 실용서에 진열하는 편이 독자 지향이어서 좋다.

교양 신서 중에는 유히카쿠(有斐閣) 신서처럼 전문서가 있다. 신서의 수준을 고려하여 구색을 갖추는 것이 좋다.

문고와 마찬가지로 시리즈 번호가 있는 상품이 있다. 서가에 꽂히는 상품은 스테디 셀러를 중심으로 하는 것이 좋다.

'문예서' 가 서적의 주류임에는 변함이 없다

문예서는 소설, 에세이, 평론, 기행, 시가, 청소년, 여성 교양서, 탤런트, 뮤직, 탤런트 사진집으로 분류다.

소설은 현대 소설, 시대 소설, 외국 소설, 미스터리, 엔터테인먼트로 분류된다.

현대 소설은 여류 작가 코너를 50음순(音順)으로 배열하고, 그 외의 인기 있는 작가를 50음순으로 배열하여 찾음표를 붙인다. 작가의 선정, 등장, 배제는 최소한 1년에 1회 이상 한다. 특히 새로 등장한 작가는 빨리 하는 편이 좋다.

베스트 셀러의 구입은 뜻대로 되지는 않는다. 그러나 출판사와의 인간 관계가 잘 되어 있으면 좋은 회답을 기대할 수 없다. 판매 전표를 매월 보내는 노력이 필요하다. 발행처에 협력 서점의 이미지를 심어 놓아야 한다.

잘 팔리는 책은 서점의 힘으로 발행처로 하여금 보내도록 하는 것이지, 도매점에 의뢰해서 하는 것이 아니다.

문예서를 뒷받침하고 있는 것은 베스트 셀러나 화제작만이 아니라, 폭 넓은 독자층이다. 그들의 요구가 무엇인지 알려고 노력하지 않으면 안 된다. 신문, 잡지, 텔레비전의 출판 정보에 안테나를 세울 필요가 있다.

문예서는 서적의 주류이다. 따라서 문예서에 대한 평론은 그 서점의 평가가 된다. 될 수 있는 대로 폭 넓게 갖추는 편이 좋다.

■ 출판사의 진열 기간에 대한 대응

① 언제든지 반품 가능(신초샤, 고단샤, 슈에이샤 등)
② 경우에 따라 언제든지 반품 가능(분슌 그린매출카드, 아사히 신문사 그린매출카드)
③ 위탁 기간 내 반품
④ 매절(이와나미 서점)

'아동서'는 책꽂이 관리로 승패가 난다

아동서를 잘 파는 요나고 시(米子市) 이마이(今井) 서점의 서가 관리를 참고 삼아 살펴보기로 한다.

아동서는 그림책, 동화, 소설, 아동 문학, 학습용 아동서, 도감으로 분류되며, 서가를 구분하기 위한 찾음표가 붙여진다.

'그림책'에는 창작 그림책과 애니메이션 텔레비전 그림책 등이 있다.

창작 그림책은 어린이용으로 만들어진 것이지만 아동 문학 애호가에게도 인기가 있다.

재미 있는 표지를 될 수 있는 대로 효과적으로 전시·연출한다.

'동화'에는 옛날 이야기, 전설 등의 고전 동화와 어린이의 세계를 자유로운 발상으로 쓴 창작 동화가 있어서, 각각 따로 서가를 나누어 진열한다.

'소설'은 모험담, 명작 소설, 위인전, 고전 등 초등학교 고학년부터 중학생에 이르기까지 읽을 수 있도록 쓰인 것이다.

'아동 문학'은 어린이의 세계를 문학적 향기가 높은 필치로 쓴 창작 문학이다. 어른이나 어린이나 다 같이 읽는다.
　어린이책 매장은 계절의 변화를 민감하게 받아들여 코너를 만
드는 것이 포인트이다.

1월	설날을 위한 장식품 — 연, 하고(羽子)채(제기 비슷하게 생긴 어린이 장난감인 '하고'를 쳐 올리고 받고 하는 나무채)
	상품 — 겨울 방학 숙제 책, 설빔, 간지(干支)
2월	입춘 전날의 장식품 — 귀신(도깨비) 탈
	상품 — 귀신(도깨비), 입춘 전날 밤 액막이로 뿌리는 콩
3·4월	입학·유치원 입원용 장식품 — 벚나무
	상품 — 봄, 학교, 유치원, 언어, 3월 3일에 지내는 행사, 이야기 그림책 세트
5월	어린 잎 장식품 — 잉어 띄우기
	상품 — 신록, 학교
6월	장마 장식품 — 수국(水菊), 우산
	상품 — 비
7·8월	여름 장식품 — 해바라기
	상품 — 여름 방학 숙제 책, 야외 관찰, 도깨비, 여름 방학 자유 연구
9·10월	가을 장식품 — 단풍
	상품 — 운동회
11·12월	크리스마스 장식품 — 트리, 몰(돈을무늬 모직물), 눈
	상품 — 크리스마스 관계, 겨울 방학 숙제 책, 세트로 된 것

'학습 참고서'는 구매층의 연령을 잘 생각해서 관리한다

(1) 미취학 참고서

출생률이 낮아진 탓으로 부모가 자녀의 교육에 힘을 쓰는 것은 당연하다. 입학하기 전의 자녀에게 참고서를 사다 주는 것은 끔찍스런 일이지만, 점두에서는 수요가 높기 때문에 미취학 학습 참고서라 하여 진열해 놓는다.

아이우에오표(アイウエオ表), 구구표, 일본 전국 지도, 세계 지도 등 어느 것이나 입학하기 전의 환경을 조성해 주기 위한 상품이다.

구몬 출판, 가쿠슈 겐큐샤(學習研究社)에서 발행된 아이우에오, 숫자, 미로놀이, 도형, 시계 등은 널리 알려진 상품이다.

진열 장소는 초등학생 참고서 옆이 아니라, 어린이책 옆에 해야 판매율이 높아진다.

(2) 초등학생 학습 참고서

초등학생 학습 참고서는 ① 전과 심화학습 ② 과목별, 학년별 시리즈 ③ 교과서에 따른 ④ 사전 4 종류로 나뉜다.

초등학생 학습 참고서는 4학년 이상을 대상으로 삼은 것이 주류를 이루고 있는데, 1~3학년용 참고서는 적다(전과를 제외).

전과의 심화학습류는 저학년생에게 인기가 있다. 특히 수학, 국어가 그렇다. 전과는 신학기 3~4월과 후기용 9~10월이 판매 시기이다. 심화학습은 엄마들이 좋아하는 학습 참고서이다.

과목별, 학년별 시리즈는 4년생 이상의 것이 많다.

각 지방의 학원에서 채용하거나 추천하는 참고서는 일반적으로 수준이 높지만, 점두에서는 권위자의 보증이 서 있는 학습 참고서라 할 수 있다.

가이드는 교과서 공급처가 주된 판매점이다.

4년생이 되면 국어 사전을 쓴다. 서점에서 권할 국어 사전을 선생님과 상담하여 결정해 두는 편이 좋다.

4년에 한 번씩 문부성에서 학습 지도 요령을 개정하는데, 그 개정 요령을 따라 교과서도 개정된다. 따라서 개정 연도에는 학습 참고서도 모두 바뀐다. 작년 상품은 사지 않는 편이 좋다.

(3) 중학생 학습 참고서

중학생 학습 참고서는 ① 학년별 참고서, 문제집 ② 고교 입시 참고서, 문제집 ③ 중학 전학년 참고서, 문제집 ④ 교과서 준거판 가이드 ⑤ 중학생용 영일 사전, 일영 사전, 국어 사전, 한일(漢日) 사전으로 나뉜다.

문제집은 얄팍한 문제집과 책자 문제집으로 나뉜다. 특히 고교 입시 문제집은 실력 양성을 위한 것과 직전(直前) 타입으로 된 것이 있는데, 직전 타입으로 된 것은 거의 다 얄팍하다.

참고서는 학년별, 발행소별, 시리즈별로 진열한다.

새로 입학한 1학년생은 참고서를 세트로 구입하는 경우가 많다. 영어, 수학, 국어, 사회, 이과가 기본 과목이다.

새로 입학한 1학년생은 신학기에 영어 사전과 국어 사전을 산다. 살 때 고교 때까지 쓸 수 있는 수준이 높은 사전을 고르기 쉬운데, 고교에 들어가면 반드시 추천해 주는 사전이 있음을 설명하고, 중학생에게 맞는 사전을 사도록 권하는 것이 좋다.

교과서에 따른 가이드는 교과서 공급점이 주된 판매점이다. 전과는 여기에 들지 않는다.

신학기에 교과서가 학생에게 배부되므로, 4월 첫째, 둘째 일요일이 중학 학습 참고서와 사전의 판매가 최고점을 이루는 시기이다.

4년에 한 번씩 중학 학습 지도 요령이 바뀌어 교과서가 개정된다. 그리고 새로운 지도 요령에 준거하여 학습 참고서도 전면 개정된다. 따라서 개정 전년은 품귀 상태가 된다.

(4) 고교생 학습 참고서

고교생 학습 참고서는 영어, 수학, 국어, 사회, 이과 순서에 의해서 과목별로 진열한다. 문제집은 시리즈별로 진열하는 일이 많다.

대학 입시 코너는 '붉은 책(표지 색깔이 붉은 책)'〔교카쿠샤(教學社)〕으로 구성되는 경우가 많지만, 특약점에만 출하하는 일이 있으므로 주의해야 한다. 붉은 책 외에 검은 책, 흰 책(표지의 색)의 입시책도 있다.

신입생은 4월에 각 교과목을 담당한 선생님이 추천한 사전을 사기 위해 몰려든다. 영어, 고어, 국어, 한일(漢日) 사전이 주류를 이룬다. 고어는 신학기에만 쓰이는 상품이지만, 그 외는 전 학년 상품이므로 지정된 사전이 품절되지 않도록 추천 정보를 빨리 입수하여 대응해야 한다.

고교 학습 참고서에는 입시학원 선생이 쓴 인기 학습 참고서나 선배가 권하는 스테디 셀러 학습 참고서가 있으므로, 학습 참고서 담당자는 이러한 상품 정보에 대해서 민감해야 한다.

학습 참고서, 문제집은 국립계, 사립계는 물론이고, 난이도도 알고 있는 편이 좋다.

최신유행의 '비즈니스서'는 팔린다

① 비즈니스 교양

　　자기 관리, 인생론, 인물론
② 생활 설계
　　재산증식, 주식, 연금, 세금, 개인 사업
③ 자기 계발
　　자격, 문장, 화법(話法), 비즈니스 영어
④ 발상
　　발상법, 기획력, 창조성, 사고법
⑤ 리더십
　　관리자, 지도자, 설득, 교섭력
⑥ 경영 실무
　　경리, 회계, 세무, 부기, 경영 분석, 법률
⑦ 경영 전략
　　기업 전략, 경영 계획, 유통, 경영학
⑧ 판매
　　마케팅, 세일즈, 소매업, 소비자, 상점 경영
⑨ 경제
　　경제 일반, 금융, 은행, 소프트화 사회
⑩ 하이테크 비즈니스
　　미래의 비즈니스, 첨단 기술
⑪ 사무 자동화, 뉴미디어
　　퍼스컴, 워드프로세서, 정보 통신, 멀티 미디어, 인터넷
⑫ 품질관리(QC, TQC)
　　품질 관리, 생산 관리, 소집단 활동

'인문서, 법률·경제서'는 전문서와 일반서로 나뉜다

　　학문 체계에서 말하는 인문과학에는 철학, 심리, 윤리, 종교가 포함되고, 사회과학에는 정치, 법률, 경제, 재정, 사회 등이

포함된다.

서점 점두에는 전문서와 일반서로 나누어 진열한다. 철학, 사상, 심리는 인문 전문서로 분류되나, 기독교, 불교, 역사, 기행 등은 일반서 코너에 진열되는 일이 많다.

사회과학서에서는 이론적인 내용이 담긴 책은 전문서로 분류되나, 실무적인 경제서는 비즈니스서, 경영서에 놓인다.

부락 문제, 노인 복지, 장애인 문제, 여성 문제는 사회 문제라 하여 전문서로 취급하지 않는 서점이 많다.

법률서의 전문서와 실무서 차이는 분명하다. 저자, 출판사, 내용으로 판별하면 된다.

'교육서'의 최대 고객은 초등학교 교사다

교육서를 사는 사람 중에는 초등학교 교사가 많다. 판매 시기는 학습 참고서와 마찬가지로 4~5월에 판매 절정을 이룬다. 신학기는 교사에게도 신학기이다. 3월 말에 담임 학년이 결정되므로, 4월 초경에는 학급 경영, 학습 계획과 관계 있는 교육서가 팔리기 시작한다. 특히 풋내기 교사는 교육서를 많이 사게 된다. 교감이 되기 위한 준비서도 책꽂이를 푸짐하게 해 주는 책이다.

가정 교육서는, 교사용 책은 교육서 서가, 어머니용 책은 부인 실용서의 서가 쪽에 꽂는 편이 좋다.

교육서를 출판하는 큰 회사인 '메이지 도서 출판'이 정한 분류를 채용하기 바란다.

0 - 교육학 일반
1 - 학교 경영, 학급 경영
2 - 교육 방법

3 — 국어과
4 — 사회과
5 — 산수, 수학
6 — 이과
7 — 각 과(생활, 음악, 그림과 공작, 기타)
8 — 도덕, 특별 활동, 학생 지도
9 — 유아 교육

'예술서' 코너는 볼륨이 필요하다

예술서가 가정 안에 처음으로 들어간 것은 1966년 쇼가쿠칸(小學館)의 『원색 일본의 미술』(전 20권), 가와데 서방(河出書房)에서 나온 『LP 레코드판·세계 음악 전집』(전 24권), 고단샤판 『스테레오 세계 음악 전집』(전 18권)이었다. 이른바 전집 붐의 일환으로 미술 전집, 음악 전집이 베스트 셀러가 된 것이다.

이런 현상은 당시 고도로 성장한 경제의 흐름을 탄 붐이었는데, 팔렸다고 하기보다는 억지로 팔았다고 하는 편이 낫다. 그 후 슈에이샤(集英社)의 『반탐판』에 의해서 보급판 미술서가 뒤를 잇게 되었다.

현재는 여가 활동의 일환으로 예술 생활을 즐기는 사람이 많아졌다. 서도 인구, 그림을 즐기는 사람, 도자기를 굽는 곳을 찾는 사람이 늘어나서 서도 전문서, 미술 기법서, 미술 전집(일본, 세계), 도기 전집 등의 출판물이 보급된 것은 당연하다.

사진집은 관찰한 것, 기록한 것, 기행한 것 등 몇 번인가 붐을 일으켜, 서점에서 시민권을 얻어 가고 있다.

예술서는 판형이 크기 때문에 진열하는 데 문제가 많다. 서가의 안길이, 높이를 감안하여 어중간하지 않게 독자의 발걸음을 멈추게 할 만한 볼륨을 마련하지 않으면 성공하지 못한다.

'이공학 서적'은 매출 전표의 색깔을 달리하여 관리한다

이공학 서적과 컴퓨터 서적은 책을 진열하기 쉽도록 하기 위해서 특별히 서명 매출 카드에 배려가 되어 있다.

주요한 이공학 서적 출판사는 공학협회(31개 사)에 가맹해 있고, 그들 출판사의 서명 매출 카드는 다음과 같이 색깔로 구분되어 있으므로, 그 색깔을 따라 분류하여 진열하면 된다.

적색 — 전기, 전자.

감색 — 건축

황색 — 기계, 금속

갈색 — 화학 공업

청색 — 화학

녹색 — 토목

자색 — 정보 공학, 관리 공학

주황색 — 수학

분홍색 — 물리

흑색 — 해사(海事), 공업 실용서, 기타

'컴퓨터 서적'의 분류 방법

컴퓨터 서적은 매출 전표의 삐죽 나온 부분에 다음과 같은 표시가 있다. 그 표시를 따라 분류하여 진열하면 된다. 퍼스컴의 연간 출하 대수가 4백만 대를 넘을 정도로 붐이 일어나고 있다. 사업용, 영업용 시대에서 학습용, 가정용, 개임용 시대로 들어섰기 때문에 퍼스컴 서적의 분류도 상세해야 한다.

■ 책꽂이 분류 코너

A1 기종별(機種別)
　A1—01 PC—98
　A1—02 매킨토시
　A1—03 UNIX 머신
　A1—04 후지쓰(富士通)
　A1—05 PC／AT
　A1—06 샤프
　A1—99 기타

A2 주변 기기(機器)
　A2—01 하드 디스크
　A2—02 인터페이스
　A2—03 전용 보드
　A2—04 프린터
　A2—99 기타

A3 CPU
　A3—01 68계(系)
　A3—02 80계
　A3—99 기타

B1 OS
　B1—01 MS—DOS
　B1—02 OS／2
　B1—03 UNIX
　B1—04 Windows

B1—05 DOS／V
B1—99 기타

B2 언어
B2—01 C
B2—02 BASIC
B2—03 FORTRAN
B2—04 어셈블러
B2—05 COBOL
B2—99 기타

B3 어플리케이션
B3—01 워드 프로세서 소프트
B3—02 데이터 베이스
B3—03 표계산
B3—04 에디터
B3—05 그래픽
B3—06 통합형 소프트
B3—07 유틸리티
B3—08 FEP
B3—09 DTP
B3—10 음악, 취미
B3—11 온라인 소프트
B3—99 기타

C1 워드 프로세서
C1—01 워드 프로세서 검정
C1—02 키 입력

C1—99 기타

D1 퍼스컴 일반
  D1—01 입문서
  D1—02 사전(辭典), 사전(事典)
  D1—03 퍼스컴 통신
  D1—04 교양, 소설
  D1—99 기타

E1 정보 통신
  E1—01 정보 통신

F1 정보 과학
  F1—01 입문서
  F1—02 인공 지능
  F1—03 경영 정보
  F1—04 멀티 미디어
  F1—99 기타

G1 교육
  G1 CAI(교육)

H1 정보 처리 시험
  H1—01 특종 정보 처리
  H1—02 제1종 정보 처리
  H1—03 제2종 정보 처리
  H1—04 시스템 감사
  H1—05 온라인 정보 처리

H1—99 기타

J1 퍼스컴 게임
J1 퍼스컴 게임

'양서(洋書)'는 이젠 특별한 책이 아니다

국제화 시대가 되어 외국책 인구가 늘어나고 있다. 베스트 셀러를 양서로 읽는 사람이 많은 것을 보아도 알 수 있다. 최근의 예 중에는 『메디슨 카운티의 다리』(Bridge of Madison Country), 『쥬라기 공원』(Jurassic Park), 『와일드 스완』(Wild Swans) 등이 있다.

이 책들은 페이퍼백으로 수입되어 있다. 영화의 원작, 베스트 셀러 소설, 미국의 고전 명작은 앞으로도 계속해서 팔릴 것이다.

일본 명작을 번역한 양서(洋書)도 팔리고 있다. 나쓰메 소세키(夏目漱石)의 『도련님』(坊ちゃん), 가와바타 야스나리(川端康成)의 『센바즈루』(千羽鶴), 아쿠타가와 류노스케(芥川龍之介)의 『나생문』(羅生門, 라쇼몬), 미시마 유키오(三島由起夫)의 『파도 소리』(潮騒, しおざい) 등이 그것이다. 외국인이 읽는 일본 문학이다. 최근에는 구로야나기 데쓰코(黑柳徹子)의 『창가의 토토야』도 있다. 고단샤의 영어 문고는 직장 여성, 주부, 학생에게 인기 있는 간편하고 휴대하기에 알맞은 문고이다.

이젠 외국 서적이 특수한 책이라고 여겨지는 시대가 아니다. 일반서나 다름없는 책이라고 생각하고, 양서 인구를 길러 내면 총 매출액의 1~2%를 확보하는 데 별로 시간이 걸리지 않을 것이다.

다른 서점과의 차별화 전략, 양서 취급에 의한 이미지 전략이라 생각해도 좋은 상품이다.

'향토서'의 유통을 담당하는 지방·소출판 유통 센터

고향에 대해서 쓴 책은 전국 어디에나 다 있다. 그러나 중앙의 출판사에서 발행되고, 도매점(총판처)을 통해서 유통되는 향토서는 적다. 거의 대부분의 향토서는 지방 출판사에서 발행되고, 저자도 그 고장 사람인 경우가 많다. 요컨대 향토서는 로컬 출판물이어서 중앙에서 취급되는 경우는 드물다.

향토서는 그 고장의 신문사, 큰 서점, 출판사, 인쇄소에서 발행되는 경우가 많다.

풍문으로 고향에서 나온 책 소식을 알게 되어 구입해 보려고 해도 여간해선 손 안에 들어오지 않는다.

출판에 관해서 지방과 중앙은 서로 동떨어져 있다. 그만큼 향토서는 귀중하다. 각 지방에서 향토서를 보존하지 않으면 고향의 문화, 민속, 역사, 기술 등은 전승되지 않는다. 또 모처럼 출판된 향토서가 수많은 사람에게 읽히지 않으면 향토 문화는 보급도 되지 않고 향상도 되지 않는다. 그 구실을 하는 것이 서점의 향토서 코너이다. 수수한 판매 활동이지만, 자기 고장을 사랑하고 아끼는 정신은 상인에게 필요한 신조이다.

유통은 발행처와 직접 거래하거나 지방·소출판 유통 센터를 경유해서 한다.

제5장

●

독자의 요구를 알기 위한 정보원

베스트 셀러 정보를 어떻게 얻는가

지금 일본인은 어떤 책을 읽고 있는가? 어떤 책에 인기가 집중되어 있는가? 이런 것을 알 수 있는 정보원에는 베스트 셀러 정보라는 것이 있다.

중앙 신문 독서란에 발표되는 픽션, 논픽션의 베스트 셀러는 하나의 정보원이다. 지방 신문에도 그 같은 독서란은 있다. 이 정보 소스는 서점 점두에서 집계된 데이터이자 도매점(총판처)의 판매 실적 정보이기도 하다.

텔레비전 정보라는 것도 있다. 1995년 12월 현재 NHK 위성 제2채널에서는 일요일 오전 8시~9시 한 시간 프로로 「주간 북(週間 BOOK)」을 방영하고 있다. 내용은 평론가 2~3인에 의한 '내가 권하는 책', 신간 화제서 소개, 베스트 셀러 안내, 출판업계의 화제거리 등으로 되어 있다.

이전에 민간 TV에서 출판 정보 프로가 제작된 일이 있기는 하다. 30분 프로였는데 단명했다. 민방 프로는 스폰서가 있지 않았던 게 원인이었다.

현재 방영되고 있는 TV 프로는 NHK인데, 위성 방송이기 때문에 일반적이라고는 할 수 없다. 위성 방송 수신기의 보급률이 NHK 방송에 비해서 저조한 점을 고려하면 출판 정보의 전파 보급은 뒤져 있다고 할 수 있다.

독자에 대해서 매일 독서 정보를 제공하고 있는 것에는 일간지의 출판 광고가 있다. 신문 휴간일을 빼고 출판 광고가 나오지 않는 날은 없다. 특히 신문 제1면 아래의 3단 8할 광고나 혹은 3단 6할 광고는 메이지 시대부터 지금까지 계속되고 있는 출판계의 훈장(勳章)이라 일컬어진다. 딴 업계에 양보한 일이 없는, 출판업계만이 가지고 있는 스페이스이다.

유별나게 많은 고단사(講談社)의 신문 광고량 ― 출판업계의 광고

출판업계의 광고 중에는 출판사에서 내는 신문 광고가 많다. 출판사의 광고에는 신문 광고, 잡지 광고, 차내 광고, TV 광고, 라디오 광고, 다이렉트 메일(우편 선전 광고) 등이 있다. 그 중에서도 많은 것이 신문 광고이다. 앞에서도 말했거니와, 그날 그날의 조간지에 출판 광고가 게재되지 않는 날은 없다. 광고 스페이스별로 보면 3단 8할 광고, 3단 6할 광고, 전 3단 광고, 반 3단 광고, 전 5단 광고, 반 5단 광고, 전면 광고 등이 있다.

신문 광고는 고단샤가 압도적으로 많다. 제2위인 쇼각칸(小學館)의 약 2배의 광고량이다. 연간 4만 2천 294단의 광고는 전 5단 광고로 환산하면 8천 458회분에 해당한다. 이 광고량은 23개의 신문에 1년간 매일 광고할 수 있는 양이다.

번창하는 서점은 광고에도 의욕적이다 ― 서점업계의 광고

앞에서 말한 출판사가 내는 출판 광고에 비해서 서점이 내는 광고는 양이나 질이 다 같이 두드러지게 다르다.

첫째로 말할 수 있는 것은, 서점 스스로는 거의 광고를 내지 않는다. 그 이유는, 서점은 정가 판매에 묶여 있기 때문에 광고를 통해서 가격 소구(價格訴求)를 할 필요가 없기 때문이다.

둘째로 말할 수 있는 것은, 출판 광고는 제조처인 출판사에서 하는 일이라고 판단하고 있기 때문에 서점에서 광고를 낼 필요성을 느끼고 있지 않다는 것이다.

셋째로 말할 수 있는 것은, 특정 상품, 특정 출판사의 이름으로 광고를 내는 일은 서점을 위해서 이로울 것이 없다는 것이다. 전시회, 캠페인, 기획 행사에 관련해서 광고하는 경우는 많다. 그 외에 문구, 대여 등 가격 소구의 이익 상품과 연합해서 내는 광고가 있다. 요컨대 출판물만을 취급하는 광고는 적다.

넷째로 말할 수 있는 것은, 서점의 이익율이 적기 때문에 광고 선전비로 쓸 만한 자금이 없다는 것이다. 현재 서점에서 지출하는 광고 선전비 평균은 판매액에 대해서 0.28%이다.

그렇기는 하지만 번창하는 서점이나 성장하는 서점에서는 광고를 정기적으로 내고 있다. 다른 서점에서는 거의 광고를 내고 있지 않기 때문에 한층 두드러지게 눈에 띄어 광고 효과가 좋아진다.

■ 광고의 종류

① 텔레비전 광고
② 라디오 광고
③ 신문 광고
  • 중앙지
  • 지방지
  • 업계지(業界紙), 업종지
  • 학교 신문
  • 지역 신문
  • 단지(團地) 신문
  • PR 신문

④ 잡지 광고
  • 지역 정보지
  • 이벤트지
  • 전문지
  • 일반지
⑤ 낱장 광고
  • 신문 전단(傳單)
  • 우편광고
⑥ 전차 광고
  • 차전(車前) 광고
  • 차내(車內) 매단 광고
⑦ 버스 광고
  • 차전 광고
  • 보디 광고
  • 방송 광고
⑧ 간판 광고
  • 야립(野立) 간판
  • 도로 표지 간판
  • 주택 지도 간판
⑨ 다이렉트 메일
  • 우편광고
⑩ 포스터
  • 역에 붙이는 광고
  • 가두 광고
⑪ 옥상 광고

광고의 종류는 이상과 같거니와, 서점의 광고에는 낱장 광고
가 쓰이는 일이 많다. 지정한 날에 지정한 지역에 지정한 매수

가 배포될 수 있는 매력은 크다. 그러나 매일 아침 한 뭉치씩 들어오는 다른 업종의 낱장 광고가 있기 때문에 독자가 손에 들고 보아 줄지 어떨지 몰라서 불안한 기분은 떨쳐 버릴 수 없다.

만들어진 낱장 광고를 필요한 매수는 남겨 두고, 각 가정을 방문하여 전달하는 방법은 신문 전단보다는 훨씬 더 보아 주는 비율이 높다. 그렇게 해 줄 일꾼이 있어야 하지만, 상권 안에, 특히 베스트 존에 들어가서 배포할 수 있는 것이 우편함 전달의 장점인데, 경우에 따라서는 주민에게 직접 건네줄 수도 있다. 말을 하는 다이렉트 메일이라고도 할 수 있다.

낱장 광고가 불특정 다수에게, 무차별로 하는 것이라면 특정 소수에게, 선별해서 하는 광고가 다이렉트 메일이다. 특정 독자에게 특정 정보를 직접 제공하는 일은 상업적인 효과가 높다. 이 광고는 '협고(狹告)'라 하는데, 앞으로 연구해야 할 광고의 과제이다.

서점은 불특정 다수인 독자를 매일같이 점두에서 맞이한다. 이 독자 중에서 특정 소수의 우량 독자를 발견하는 시스템이 있는가 없는가가 서점 경영의 우열이 달라지는 분기점이다.

TV 광고는 서점의 경우에는 거의 아무런 관계도 없으나, 로컬국(局), UHF를 이용하여 개점 광고를 하는 서점은 있다. 개점할 즈음에 광고 선전비 속에 넣어 계상하여 초년도 경비라 하여 손익을 고려한다면 TV 선전도 할 수는 있다.

TV를 이용한 신학기 광고, 백중날(음력 7월 15일), 연말의 도서 상품권, 도서 카드 광고도 시기에 적절해서 서점답다.

라디오 광고를 통해서 오픈 선전을 하는 서점도 상당히 있다. 전파 매체도 쓰기에 따라 서점의 이미지를 높일 수 있다.

신문 광고를 이용하는 서점은 많다. 중앙지의 지방판이나 그 지방 유력지를 이용하는 서점이 많다. 구인 광고를 할 때 신문을 이용하는 서점이 많이 있는데, 이것도 광고다.

신문 기사는 퍼블리시티로서 판매 촉진에 도움이 되는 일이 많다. 따라서 대형 기획, 지역 행사는 적극적으로 PR하는 편이 좋다. 많은 사람의 눈에 띄기에는 신문이 적절하고, 경비도 적당하지 않을까?

학교 신문이나 단지 신문 등에 광고를 내는 것은 그 지역과의 관계로 보아 의리상 내는 일이 많다. 경비가 많이 드는 것은 아니므로, 적극적으로 이용하는 편이 이롭다.

잡지 광고는 로컬 정보지에 자기 서점의 PR, 기획, 행사를 시기에 맞게 광고하는 것이 현명한 지면 활용법이다.

간판 광고는 두 가지 이용 방법이 있다. 한 가지는 항구적인 야립 간판이요, 또 한 가지는 단기적으로 쓰고 버리는 간판이다.

독자의 독서 욕구를 알기 위한 독서 조사

독자의 독서 욕구, 독서 경향은 출판 사정의 수요(需要)가 얼마나 되는지를 측정할 때에 필요한 요인이다. 따라서 출판업계에서는 독서 경향에 대한 관심이 높아서 각종 데이터를 수집하는 노력을 해 오고 있다. 단기적인 것, 중기적인 것, 장기적인 것이 각각 서점 데이터, 도매점 데이터, 신문 조사, 여론 조사 등에 의해서 발표되고 있다.

서점과 도매점의 데이터는 베스트 셀러 정보일 때가 많다. 현재 무엇이 팔리고 있는가에 관한 현재의 시장 데이터는 서점 점두가 가장 잘 알고 있다. 정점 관측(定點觀測)에 의한 데이터 수집은 지역 정보이자 시간 정보여서 정보의 변화를 알 수 있다.

사회 수요에 대한 창조(創造) 소프트를 공급하기 위해서 각 출판사가 현재의 독서 경향, 앞으로의 동향에 관심이 집중되어 있는 것은 당연한 일이다.

　현재 출판업계에서 하고 있는 독서 조사에 대해서 알아보자.

　독서 조사는 최근에 이르러 대대적으로 시행되고 있다. 가장 역사가 오래 되고 이름이 알려진 조사는 마이니치(每日) 신문사에서 실시하는 '독서 여론 조사'이다. 이 조사는 매년 가을 독서 주간에 맞추어 발표된다. 1995년 현재 49회 째 하고 있다. 제2차 세계 대전 후부터 오늘날까지 일본인의 독서 생활 실태를 분명히 나타낸, 정평이 나 있는 조사이다.

　다음으로 유명한 조사는 '농촌의 독서 조사'이다. 역사적으로는 이것이 선배격인데, 1995년 현재 50회를 헤아리고 있다.

　역사적으로 제3위는 전국대학생활공동조합연합회에서 실시하는 '학생의 소비 생활에 관한 실태 조사'이다. 이 조사의 주된 목적은 소비에 관한 것인데, 그 소비 속에 도서 구입비 조사가 포함되어 있다. 1995년에 31회 째를 맞이하고 있다. 1989년에 이 연합회가 독서에 관한 전문 조사를 시작했다. 명칭은 '대학생의 독서 생활 조사'이다.

　색다른 조사로는 도쿄 나카노(東京中野)의 '선플라자 도서 조사'이다. 앞에 나온 조사는 어느 것이나 다 1년에 1회 실시하고 있으나, 선플라자의 조사는 상반기, 하반기로 나누어 1년에 2회 조사하고 있다. 조사 내용은 대출을 중심으로 한 것인데, 픽션과 논픽션으로 나누어 발표한다.

　이상의 네 가지 조사가 과거에 실시되어 온 관례적인 독서 조사였다.

　그런데 1994년에 이르러 새로운 모체에 의한 네 가지 독서 조사가 등장했다.

　　문부성의 독서 조사
　　JPIC(출판문화산업진흥재단)의 독서 조사
　　도한(東販)의 독서 조사

아사히 신문사의 독서 조사(소매 서점 조사)

이 네 가지 조사는 각각 특색이 있고, 목적도 서로 다르다. 그 점에 착안하여 각 조사에 대해 알아보자.

(1) 마이니치 신문사의 독서 여론 조사

1947년에 마이니치 신문사에서 독서 조사를 하기 시작했다. 이 조사는 현재 실시되고 있는 각종의 독서 조사 중에서도 권위가 있는 조사이다.

'독서율', '독서 시간' 등 독서 생활의 기본 사항을 계속적으로 조사하고 있다.

1994년에 실시한 '제48회 독서 여론 조사'에서는 자택에서 독서하는 현상이 보고되어 있다. 독서의 시간대도 남성은 오후 6~9시, 여성은 정오~오후 3시였다. 그 사이에는 책을 읽는 대신에 다른 일을 하고 있을 것이다.

(2) 고쿄회(光協會)의 독서 조사

이 조사의 정식 명칭은 '전국 농촌 독서 조사에 의한 농촌의 독서 실태'이다.

전국을 8블럭으로 나누어 농협의 정조합원 세대의 만 16세부터 59세까지의 남녀 1천 명을 대상으로 삼아 실시하는 것인데, 유효 회답 수는 728(1993년)이었다.

서적 구입 방법, 1년간 서적 구입비를 보면, 독자의 39%가 자기가 산 책만을 읽고, 사거나 빌리거나 한 책을 읽는 사람은 50%, 빌리기만 한 사람은 8%, 읽는 사람의 서적 구입비(연간)는 5천 912엔이어서, 전년보다 811엔이 증가했다. 성별로는 남성이 7천 78엔, 여성이 4천 654엔이었다. 읽지 않는 사람을 포함한 전원의 평균 지출액은 3천 129엔이었다. 대학생에 비하면 농촌의 활자접촉 빈도는 저조하다.

(3) 전국 대학생 협회의 독서 조사

정식 명칭은 '대학생의 독서 생활 조사'이다. 독서가 노동이라고 보는 대학생의 독서 시간 감소가 해마다 문제가 되는데, 1993년의 조사에서는 하루 평균 독서 시간이 35.8분이어서 1992년보다 1분이 감소했다. 1985년의 85분에 비하면 14분이 감소하여, 30%가 감소한 활자 이탈 현상이 실증되어 있다.

1개월 독서비 평균은 3천 650엔이다. 지역별로 보았을 때 가장 많은 지역이 도쿄의 5천 50엔, 5위인 고베(神戸)는 3천 440엔, 가장 적은(10위) 지역은 오사카인데 2천 820엔이었다. 오사카의 학생은 책을 사지 않는 것일까?

(4) 선플라자 도서관(도쿄 나카노)의 독서 조사

이 조사의 특색은 도서관에서 실시한, 몇 안 되는 보고 중 하나라는 것, 계속되고 있다는 것, 해마다 2회씩 조사 결과를 발표한다는 것이다.

조사 내용은 선플라자 도서관의 '독서 경향 조사'인데, 픽션과 논픽션의 대출 횟수 상위 베스트 10이다.

한마디 덧붙이면, 1993년 상반기 베스트 3은 픽션에서는 『매디슨 카운티의 다리』, 『개 데릴사위』, 『시베리아 철도 살인 사건』, 논픽션은 『이소노(磯野)네 집의 수수께끼』, 『청빈 사상』, 『마마는 초능력자』였다.

(5) 문부성의 독서 조사

1994년 3월, 문부성이 예고 없이 돌연 실시한 조사이다. 앞으로 계속 실시할 것인지 안 할 것인지는 발표되어 있지 않다.

이 독서 조사는 1994년 3월, 전국 학교 도서관 협의회에 위촉하여 실시한 것인데, 초등학교 3년생 및 5년생 합계 2천 775명, 중학교 3년생 1천 630명, 고교 2년생 2천 1명, 교원 4천 84명, 보호자 4천 238명을 대상으로 삼은 것이었다.

교직원의 독서 조사는 우리 나라에서 처음으로 실시한 것인데, 내용이 충분히 전해지지 않은 것은 유감이다.

내용은 중·고교생의 40%가 전연 독서하지 않는다는 충격적인 보고였다.

(6) JPIC(출판문화산업진흥재단)의 독서 조사

이 조사에는 두 가지 특색이 있다. 한 가지는, 독서 어드바이서가 서점 점두에서 실시한, 전문가에 의한 본격적인 조사였다는 점이다.

또 한 가지는, 독서 조사라고 하기보다는 독자 조사이고, 게다가 독자 의식 조사라는 점이다.

조사를 받은 사람은 프로 독자(책 애호가)의 색채가 있고, 조사 결과는 다른 조사에 비해서 출판업계에 가깝다는 느낌이 든다.

조사는 1994년 9~10월, 전국의 서점 점두에서 서점을 찾아오는 손님(성인)을 대상으로 삼아 실시한 것인데, 유효 화답 수는 3천 486명이었다.

"책을 이전보다 더 읽게 되었습니까?"라는 질문에는 "읽게 되었다"가 27%, "이전과 변함이 없다"가 40%, "이전보다 읽지 않게 되었다"가 31.4%였다.

25~54세에 읽지 않게 되었다는 비율이 높고, 24세 이하와 55세 이상은 읽게 되었다는 비율이 높았다.

읽지 않게 된 이유는 "시간이 없다"가 72.2%로 1위, 다음으로는 "재미 있는 책이 없다"가 22.1%, "활자를 보기가 싫다"가 19.8%로 이어진다. "책값이 비싸다"라는 이유를 든 사람은 8.6%였다.

(7) 도한의 독서 조사

이 조사는 도한이 '봄철 어린이 독서 주간'에 실시한 것인데, 내용은 어린이의 애독서라고 해도 좋다. 회답자는 5천 569명이었는데, 목록에 오른 책은 9천 183권이었다.

어린이가 좋아하는 책의 종합 랭킹 베스트 20이 모두 다 시리즈물이었다. 어린이들에게는 재미 있다고 느낀 책은 뭐든지 계속해서 연달아 읽는 독서 습관이 있음을 알 수 있다. 제1위는 『척척 박사』 시리즈〔데라무라 데루오(寺村輝夫), 아카네 서방(書房)〕, 2위는 『불량배 3인조』 시리즈〔나스 마사미키(那須正幹), 포푸라샤〕, 3위는 『학교의 괴담』 시리즈〔수샤(數社)〕, 이하 『크레용 왕국』 시리즈〔후쿠나가 레이조(福永令三), 고단샤〕, 『엘마』 시리즈〔R.S.가네트, 후쿠온칸 서점(福音館書店)〕등이다.

초·중학생을 대상으로 한 "독서를 좋아하나 싫어하나?"라는 질문에 대해서는 "좋아한다"가 73.1%여서, "보통" 25.2%, "싫다" 1.7%를 압도하고 있다. 초등학생 시절에 독서욕이 왕성한 것은 다른 조사에서도 증명되고 있다.

(8) 아사히 신문사의 독서 조사

이 조사는 1994년 5～6월에 수도권 서점(닛쇼렌 가맹점)을 대상으로 삼아 실시된 것인데, 유효 회답점은 444점이다.

정식 명칭은 '소매 서점의 실태에 관한 조사'인데, 아사히 신문 도쿄 본사 광고국이 마케팅 센터에 위촉하여 집계·분석한 것이다.

독서에 관한 조사 항목 중에는 독서 추진 활동 실시의 유무가 있는데, '성인의 날 독서 권장', '신사회인 독서 권장', '어린이 독서 주간', '경로의 날 독서 권장', '가을 독서 주간'의 조사 결과가 나와 있다.

그 결과에 의하면, '가을 독서 주간' 45.5%, '어린이 독서 주간' 27.7%이고, 그 외는 모두 10% 이하로 저조해서, 유명 무실해지고 있음을 알 수 있다.

제6장

●

서점 프랜차이즈와 헌 책 판매점

도쇼(東商)의 신규 개업 상담에 나타난 희망 업종의 톱은 서점업

도쿄 상공회의소, 상공 개업 상담소를 찾아오는 사람의 개업 희망 업종의 톱은 서점이라고 한다. 문화적이고 깨끗한 데다 위탁 판매일 경우에는 경험이 없더라도 간단히 경영할 수 있을 것처럼 보이는 업종이다. 게다가 자기는 옛날부터 책을 좋아하니까 서점을 하기에 안성맞춤이고, 책에 관한 일이라면 뭣이든 다 알고 있다고 생각하는 사람이 많다. 요컨대 외관상으로는 착수하기가 쉽게 보이는 업종이다.

그러나 상담원으로부터 서점 개업 경쟁이 심하다는 것, 이익률이 낮다는 것, 입지와 건물 공간을 마련해야 하는 업종이라는 것 등의 설명을 듣고는 새삼스레 경영 환경이 각박하다는 것을 알고, 최초의 희망이 사그라져 버리는 것이 현실 아닐까?

그러나 자기가 세운 계획, 희망을 그대로 버려도 좋은 것일까? 어느 업종이든지 개점하기가 쉬운 것은 아니다. '책을 좋아한다' = '장사꾼이 된다' 는 도식이 성립하지는 않지만, 좋아서 하는 일이야말로 바로 숙달하는 길이라는 말처럼, 그것이 경영 신념이거든 한번 스스로 서점업이 쉬운지 어려운지 조사해 볼 필요가 있으리라고 생각한다. 납득한 다음에 물러선다면 어쩔 수 없다. 그래서 이 장에서는 서점을 개업하려고 할 때의 마음가짐, 착안점, 입지, 개업 자금, 투자 채산 등 실제로 개업할 것을 전제로 삼아 종이 위에 개업 전개를 해 보기로 한다.

개업하기로 결단을 내리는 일은 그렇게 한 다음에 내려도 절대로 늦지 않다. 이러한 개업을 위한 공부는 반드시 도움이 되기 때문이다. 배우지 않고 개업하고 나서, '이럴 리가 없는데' 하고 후회하지 않도록 이 장을 차분히 읽어 주기 바란다.

자기 실력으로 할 것인가, 남의 노하우를 이용할 것인가

봉급 생활에서 벗어나 독립해서 하는 경우이든, 다른 업체에서 떠나 새로 참여하는 경우이든, 전업을 하는 경우이든, 사업을 자기 의지와 실행력으로 시작하는 타입과 그 방면에 종사하는 전문가의 지도를 받으면서 사업을 추진하는 타입의 두 가지가 있다.

현재 일본의 산업 구조적으로는 제3차 산업 인구가 가장 많은데, 이는 앞으로도 계속될 것이라고 사람들은 말한다. 그 좋은 예로 편의점이 있다. 일본 전국에 약 5만 군데가 있다. 세븐-일레븐, 로손, 패밀리 마트, 서클 K, 상크스 등이 있는데, 이들은 프랜차이즈 시스템에 의해서 체인을 전개하고 있다.

편의점을 개업하려고 할 때, 자기 혼자의 힘으로 시작하는 사람은 극히 적다. 세븐-일레븐이나 로손 산하에 들어가 프랜차이지로서 경영의 다양한 기법(know-how)들을 본부에서 배우고 나서 경영하고 있다.

주점, 잡화점, 과자점 등이 편의점으로 전환할 때, 거의 대부분은 프랜차이즈 시스템의 은혜를 입고 출발한다.

프랜차이지(가맹자)는 지도료를 본부의 프랜차이저에게 지불할 의무가 있는데, 전문가의 지도, 교육 연수가 있기 때문에 이익 중에서 충분히 지불할 수 있다. 요컨대 단기간 안에 프로로 양성될 수 있는 것이다.

서점을 개업하려고 할 때, 당신은 자신의 의지와 행동력으로,

독자적인 힘으로 서점을 시작하려고 마음먹고 있는지, 아니면 어딘가 체인에 참가하여 지도를 받으면서 기술을 익히려고 생각하고 있는지 잘 생각해 볼 필요가 있다.

이것이 개업하려고 할 때 맨 처음으로 생각해야 할 점이다. 여기서는 프랜차이즈 시스템에 의한 개업 방법을 소개하기로 한다.

물론 프랜차이즈에 참가하지 않으면 사업을 할 수 없다는 말은 아니다. 다만 출판물이라는 것은, 잘 알다시피, 정가 판매 상품이기 때문에 가격 경쟁을 할 수는 없다. 요컨대 가격 지향(價格志向)이 없다는 말이다. 따라서 낱장 광고를 뿌리고 싸구려로 파는 일은 허용되지 않는다.

발매일에 대해서도 전국 각지에서 동시에 발매해야 한다는 원칙이 있다.

그리고 원칙적으로 위탁 판매를 특징으로 한다. 정해진 일정 기간 이내면 언제든지 반품할 수 있는 업종이다.

이런 점에서 보면 서점은 참으로 간단히 개업할 수 있을 것 같은 업종이라고 생각할지 모르지만, 사실은 그렇지 않다. 요컨대 서점은 다른 점포와 경쟁할 수단이 적다. 가격 경쟁도 발매일 경쟁도 할 수 없다. 따라서 이런 테두리 안에서만 장사를 하고 있으면 완전히 똑같은 타입의 서점이 되어 버리고 만다. 어느 점포에 가 봐도 똑같은 책이 진열되어 있고, 신간 서적이 점두에서 사라질 때(반품)도 같다. 독서가로부터 어디를 가나 비슷비슷한 서점이 많아졌다고 비난받는 것은 이러한 원인 때문이다.

■ 프랜차이즈 본부의 일반적인 기본 조건

① 특색 있는 상품, 서비스를 개발하고 있다.
② 상품, 서비스를 판매하기 위한 특이한 판매 기술이나 노하우를 개발하여 가맹점에 제공할 수 있다.

③ 가맹점을 지도할 수 있다.

이상은 프랜차이즈 사업의 일반론이어서 서점 프랜차이즈 사업에는 해당하지 않는 것도 있다. 즉 첫번째인 상품과 서비스의 개발이 그것인데, 상품의 개발, 즉 독점적 상표(private brand)는 출판업계에는 존재하지 않는다. 그러나 서비스의 개발은 서점에도 있다. 상품에서의 경쟁력은 없으나, 서비스가 경쟁의 근원이라는 점을 인식하기 바란다.

두 번째 내용은 앞에서 설명한 바와 같다. 독자적으로 개업한 서점과 프랜차이즈에 가맹하여 개업한 서점 사이에서 가장 큰 차이가 나오는 대목이다. 프랜차이즈 가맹점이 로열티를 지불하는 것은 이에 대한 대가이다.

세 번째 내용은 본부의 기본적인 기능인데, 우수한 노하우, 뛰어난 서비스를 하고 있더라도 그 기술을 전수할 수 없으면 없는 것이나 다름이 없다. 프랜차이즈 본부는 그런 기술을 가맹점에 구체적으로 알기 쉽게 가르쳐 줄 수 있는 담당자를 확보하고 있다가 지도해 주지 않으면 안 된다.

프랜차이즈 본부의 9대 기능

여기서 서점 프랜차이즈 사업에 대한 프랜차이즈 본부의 중요한 기능을 알아보자.

(1) 상품 확보 기능

서점 프랜차이즈 사업을 할 때 가장 크게 기대할 수 있는 기능과 동시에 가맹점에 가장 큰 효과가 나타나는 기능이 바로 상품 확보 기능이다.

상품은 출판사가 제작하는 것이지, 프랜차이즈 본부가 만드는 것은 아니다. 따라서 프랜차이즈 본부가 하는 일은 잘 팔리는 책을 확보하여 프랜차이즈 가맹점에 유통시키는 일이다. 상품 확보는 본부가 해야 하는 매입 기능의 바로미터이다. 프랜차이즈 가맹점이 비전문가 집단일수록 상품 확보가 문제로 등장한다.

여기서 말하는 상품은 신간 서적, 베스트 셀러, 기획 상품, 대형 상품, 특매 상품을 가리키는 경우가 많다.

잡지에 관해서는 창간 잡지, 특집 잡지를 가리키는 일이 어쩌다 가끔 있을 정도이다. 그 이유는, 잡지는 판매 기간이 짧기 때문이다.

본부의 매입 능력의 우수성 여부가 프랜차이즈의 점두를 매력 있게 하느냐 않느냐에 관련되어 있다. 오랫동안의 매입 경험, 시장 분석력, 상품 감정력이 본부에 없으면 프랜차이즈를 기쁘게 하는 매입은 할 수 없다. 특히 작가를 보는 안목이 뛰어나고, 출판사에 신뢰감, 기대감을 갖는 프랜차이즈 본부가 되지 않으면 안 된다.

프랜차이즈 가맹을 결정할 때의 선택 포인트로, 상품 확보 실력이 있느냐 없느냐가 하나의 기준이 된다.

(2) 서비스 기능

경쟁력이 한정되어 있는 서점 프랜차이즈 사업중에서 서비스의 노하우를 프랜차이즈 가맹점에 가르쳐 주는 일은 독자를 확보하고 양성하는 데에 플러스 요인이 된다.

서비스는 정신적인 것과 물질적인 것으로 나뉜다. 정신적인 것, 형태가 없는 것이 서점 서비스의 중심이다. 왜냐하면 물질적인 서비스로 경품이나 덤, 상금을 주는 일은 제한되어 있기 때문이다. 특히 재판 상품인 책은 가격 서비스가 허용되지 않기 때문이다.

정신적이고 외형적인 형태가 없는 서비스의 중심은 상품에 관한 지식과 친절한 행위이다. 서점에서 상품 선택의 주역은 어디까지나 독자이다. 따라서 파는 사람의 설명이나 안내로 인해서 책이 팔리는 일은 드물다.

요컨대 책은 독자의 선택에 의한 셀프 서비스 업종이다. 서점 측은 독자에 대해 아무런 도움을 주지 않아도 사업은 성립한다. 이런 의식이 높아지면 결국 서점은 서비스가 없는 업종이 되어 버리고 만다.

그러나 현실적으로 연간 5만 종 이상이나 되는 신간이 발행되므로, 독자는 이 같은 정보 과다 현상 앞에서 어찌할 줄을 모르고 있다. 정보에 대한 교통 정리를 해 주기를 독자가 기대하고 있는 것이 사실이다. 독자의 질문에 대해서 정확히 대응할 수 있기를 기대하고 있다. 그런데 현실적으로 최근의 서점 직원은 상품에 관한 지식이 없다고 비난당하는 일이 많다. 상품 지식은 자연히 붙는 것은 아니다. 자기 연마, 자기 연수에 의해서 붙는 것이다.

프랜차이즈 본부는 상품 지식의 축적은 되어 있다. 이 축적이 본부의 재산인데, 이것을 어떻게 프랜차이즈에 전해 주느냐가 문제이다. 최근에는 서점의 판매 자동화(Sales Automation)가 추진되고 있다. 도매점(총판처)에서 개발한 정보 검색 기능, 수발(受發) 기능, 반품 처리 기능을 프랜차이즈 본부에서 가르치고, 프랜차이즈 가맹점도 단말기를 가짐으로써 최신의 상품 지식, 과거의 지식도 즉석에서 독자에게 공급할 수 있게 된다. 사무 자동화 기기는 본부의 지도보다 더 큰 기능 향상을 꾀할 수 있다.

판매면에서도 POS 시스템을 도입함으로써 프랜차이즈 가맹점은 팔리는 상품과 안 팔리는 상품을 확인할 수 있고, 게다가 본부의 지시에 의해서 상품의 구색을 갖추어 효율성 있게 책꽂이에 진열할 수 있다.

이런 것들은 모두가 프랜차이즈 본부가 가지고 있는 서비스의 노하우가 발휘된 결과이다. 이렇게 함으로써 서점은 새로 생긴 책방이기는 하지만, 책에 관해서 잘 알고 있는 서점이라는 평가를 독자한테서 받게 된다.

서비스에는 사전 서비스와 사후 서비스가 있다. 서점은 독자가 상품을 결정하는 셀프 서비스 업종이므로, 사전 서비스와 사후 서비스는 필요 없다고 생각되어 왔다. 그러나 실제로는 필요한 것이다. 번창해 가고 있는 서점, 프랜차이즈 전개를 하고 있는 체인 서점은 모두가 이 노하우를 익혀서 실행하고 있다.

사전에 하는 서비스로서, "이번에 이런 신간, 기획, 전집이 발간됩니다" 하고 독자에게 소개하는 접촉 세일즈가 필요하다. 또 판매한 후에 책을 활용하는 법, 독후감, 관련서의 소개 등도 필요하다. 이러한 치밀하고 빈틈없는 서비스를 프랜차이즈 본부는 프랜차이즈 가맹점에 지도해 준다.

정신적인 서비스에는 상품 지식과 함께 친절이라는 것이 있다. 이 친절은 사업의 기본이다. 독자의 입장에서 점두에 서 있으면 고객과의 사이에 좋은 인간 관계가 생겨날 것은 뻔한 일이다. 본부에서 지도해 주는 고객 관리라는 항목 중에서 고객에 대한 배려를 배운다.

물리적인 서비스는 단지 경품을 주거나 변변치 못한 물건을 제공하는 것만을 가리키는 것은 아니다. 서점다운 물리적인 서비스는 출판 목록을 주는 일이다. 문고를 좋아하는 사람에게는 각 출판사의 문고 목록을 주고, 특정한 전문 분야에 종사하는 사람에게는 전문서 카탈로그를 제공하는 일이다. 그 때 신간 목록을 주어야 함은 말할 것도 없다. 컴퓨터 화면을 통해서 정보를 제공해 주는 것도 독자는 좋아한다.

프랜차이즈 본부는 서비스에 관해서 많은 노하우를 가지고 있다. 신규점이 신규점 답지 않게 잘 연출되어 좋은 서비스를 할 수 있는 것은 프랜차이즈 본부의 서비스 기능이 발휘될 때이다.

(3) 교육·연수 기능

프랜차이즈 본부가 본부로서의 존재감, 가치를 어필하는 가장 중요한 본부 기능이다.

이제부터 가맹하려고 하는 사람이 주의해서 판단해야 하는 기능이다. '기업은 사람이다'라는 말처럼, 서점에서도 사람은 점포의 생명이다.

신규 서점을 개업하는 사람이 갖는 개업 전의 심리는 희망, 기대를 가짐과 동시에 불안이 항상 따라다니는 것은 당연한 일이다. 이 심리를 완화해 주는 것이 사전 교육, 연수이다.

사전 교육은 도매점에서 하기도 하고, 또 실제로 연수를 통해서 받을 수도 있다. 실제 체험 이외에도 경영 실무서를 읽고 지식을 얻을 수도 있다. 그러나 이제는 개업이요, 그 이후는 경영이다. 사전 교육만으로 서점 경영을 원활히 운영할 수는 없다. 언뜻 보아 운영되고 있는 것처럼 보일지라도 내용적으로는 낭비가 있거나 발전적이라고 할 수 없는 경우도 많다.

이러한 어려운 문제에 대답해 주는 것이 프랜차이즈 본부의 교육·연수 기능이다. 오랫동안 서점을 경영해 온 경험을 통해서 서점에 필요한 교육 과제는 해명되어 있다. 그 특색은 다음과 같다.

① 조직적, 계속적이다.
② 집단적으로나 개인적으로도 할 수 있다.

③ 경영자, 사장, 간부, 중견 사원, 신입 사원, 임시직 사원, 아르바이트 등 그들의 수준을 따라 교육할 수 있다.

④ 지역, 입지, 점포의 규모에 따라 개별 교육을 할 수 있다.

⑤ 참고 사례를 본부는 풍부히 가지고 있다.

⑥ 개업을 한 후에는 감독자가 직장 내 훈현(on-the-jib training)을 할 수 있다.

⑦ 프랜차이즈 본부가 프랜차이즈 가맹 점포에 가서 교육할 수도 있다.

⑧ 프랜차이즈 본부의 교육 담당자 자신이 교육을 받고 있으므로 프랜차이즈 가맹점에 대해서 고품질의 교육을 할 수 있다.

요컨대 획일적, 통일적, 일시적 교육은 아니다.

(4) 판촉 · 기획 기능

판촉은 상인에게는 늘 따라 다니는 것이다. 그러나 프랜차이즈 본부에 가맹했을 때의 판촉에는 다른 의미가 있다. 프랜차이즈 본부는 프랜차이즈 가맹점에서 독자적으로 펼치는 판촉 활동에 대해서 응원해 주고 지도해 준다.

이외에 프랜차이즈 본부 자체가 독자적으로 몰두하는 기획이 있다. 이것을 실행해 가는 것이 프랜차이즈 본부 판촉이 된다.

이러한 기획 기능은 프랜차이즈 본부의 중추 기능이어서, 각 프랜차이즈 가맹점의 매출 증진, 이익 확보, 가맹 효과의 확인 등을 목적으로 삼아 하게 되는 것이다. 본부의 상품 전략, 판매에 대한 어필 등을 고려하여 하게 되는 것이어서 판매 효율이 좋은 것이다.

즉 거래 조건이 좋다, 판매 수수료가 높다, 매출액 증진에 도움이 된다, 본부에서 지원해 주는 선전 재료를 얻을 수 있다,

개별 서점에서는 할 수 없는 기획이다 등 프랜차이즈 본부의 노하우가 응축되어 있다.

(5) 광고·선전 기능

프랜차이즈 본부에 가맹하여 은혜를 느끼는 것 중의 하나가 광고·선전이다.

원래 서점은 독자적으로 광고·선전 활동을 하지 않는 가장 대표적인 업종이다. 그것은 서점에서 취급되는 상품이 정가대로 판매되는 상품이요, 선전이나 광고를 해서 싸게 팔 수 없기 때문이다. 게다가 출판물의 광고는 출판사에서 하는 것이라고 생각하고 있는 사람이 거의 대부분이기 때문이다.

매일 아침 신문 광고를 보면 제1면 아래 3단에는 으레 출판 광고가 나온다. 출판 광고 이외의 광고를 여태까지 한 번도 본 일이 없다. 그도 그럴 것이 메이지 이후 오늘에 이르기까지 제1면 3단 8할 광고는 출판업계 이외에 양보한 적이 없었다고 한다. 신간 광고는 발행처에서 한다. 서점은 그 지원을 받아 신간의 판매에 힘을 기울이는, 이른바 광고와 판매의 분업 시스템이 출판업계에는 형성되어 있다.

광고는 신문 광고만이 아니라 여러 가지가 있다. 그러나 서점은 가격 소구(價格訴求)가 없는 업종에 안주하여 광고를 내려고 하지 않는다. 소매 업종 중에서 광고를 내지 않는, 가장 대표적인 업종이라는 말은 앞에서 이미 했다.

그러나 프랜차이즈에 가맹하면 광고 활동이 활발해진다. 규모 확대 이익(Scale merit), 공동 작용(Symergy) 효과라는 점에서도 공동 광고는 효과가 있다. 거의 광고를 내지 않는 서점이 광고를 내는 것이라서 그 자체가 진기하게 눈에 띄게 된다. 사람의 눈에 띄면 광고 효과는 80% 달성되었다고 일컬어진다. 그

광고를 보고 그 출판물이 다른 서점에서 팔렸다 하더라도 프랜
차이즈 가맹점을 기억해 주기만 하면 그것으로 족하다.

단독점에서는 내지 않는 광고가, 혹은 잡을 수 없는 광고 스
페이스가 프랜차이즈 체인 덕분으로 가능해지는 것은 스케일 메
리트가 그렇게 되도록 힘을 발휘하는 것이다. 비용도 비교적 적
게 드는데, 광고 제작은 본부에 있는 전문 스태프에 의해서 좋
은 이미지로 만들어진다. 프랜차이즈 본부에서 광고 · 선전을 골
칫거리로 생각한다면 광고 기능에 대한 인식이 없다고 하지 않
을 수 없다. 가맹할 때 과거의 실적을 알아보는 것이 좋다.

(6) 정보 기능

서점은 책을 팔고 있는 것이 아니라, 책의 내용인 정보를 팔
고 있다는 말을 흔히 듣는다.

서점 프랜차이즈 본부의 정보 기능은 가맹 서점에 대해서 출
판 정보를 발신하는 일이요, 시장 정보, 유통 정보, 업계 인맥
정보를 빠르고 정확히 전달하는 일이다. 많은 정보, 빠른 정보,
신뢰할 수 있는 정보는 받는 쪽에서는 유효하다고 느낄 것이다.
정보는 상품과 마찬가지로 중요한 경영 근원이기 때문에 프랜차
이즈 본부는 정보 입수에 관해서는 모든 안테나를 온통 둘러치
고, 수집한 뉴스 소스를 분류하고 취사하여 가맹점에 전달한다.
정보 전달은 문서, 팩스, 통신, 퍼스컴, 전신 전화, 사진, 비디
오, 테이프 등 천차만별로 이루어지지만 본부는 가맹점이 좀더
이해하기 쉬운 미디어를 선택한다. 정보가 일방적이 되지 않고
상호 통신(interactive)의 정보가 되도록 본부에서는 노력하고
있다. 체인 본부의 기본적인 기능이라 하여 중요시되고 있다.

(7) 금융 기능

서점 프랜차이즈 본부의 금융 기능은 도매점(총판처)의 금융 기능과는 다소 다르다. 프랜차이즈 가맹점에서 들어오는 대금을 회수하고, 도매점에 일괄해서 지불한다. 그 때 도매점과의 거래 조건에 의해서 얻어지는 거래 수수료를 각 프랜차이즈 가맹점에 지분에 따라 환원시켜 주는 기능이다.

단독점의 수수료보다는 공동으로 인한 규모 확대에 따라 유리한 수수료를 얻게 되는 것은 사실이다.

(8) 시스템 개발 기능

이 기능은 본부이기 때문에 있는 기능인데, 프랜차이즈 가맹점의 공동 전진과 향상을 꾀하려고 할 때 하지 않으면 안 되는 임무이다.

경영의 합리화에 관한 하드웨어와 소프트웨어의 개발이 일진 월보하고 있다.

체인을 통합하는 데 유효한 POS 시스템의 개발, 정보 검색, 발주, 반품, 재고 관리에 관한 시스템의 개발 등 프랜차이즈의 육성 발전에 도움이 되는 개발 업무는 본부의 주요한 임무이다.

(9) 경영 관리 기능

프랜차이즈 본부는 가맹점 하나하나가 흑자 경영을 하기를 원하고, 또 이를 지도해 줄 책무가 있다. 앞에서 교육·연수 기능에 대해 말했거니와, 거기서는 주로 인적인 교육이 중심이었으나, 여기서 말하는 경영 관리는 사장이나 점포 주인을 위해서 각 점포의 경영을 체크하여 정상적인 궤도에 오르는 경영이 되도록 지도하는 기능이다.

인건비, 기타 경비, 매입, 재고, 외상 매출, 외상 매입, 반품, 뉴미디어 상품 대응 등 경영 전반에 걸쳐 전기(前期), 금기(今期), 내기(來期)를 정확히 확인하고, 가맹점과 본부가 공동으로 모색하여, 그 속에서 가장 효율적인 경영 수법을 발견하는 일이다. 가맹점의 번영에 연관되는 체크 시스템을 구축하여 프랜차이즈와 본부가 일심 동체가 되어 기업의 확대를 꾀하는 일이다.

재활용 혁명은 제4의 혁명

복합형 서점의 등장은, 제1장에서도 살펴본 바와 같이, 서점 업계에 큰 변화를 일으켜 왔다. 그것은 바로 '세 가지 혁명'으로 대표된다. 즉 입지 혁명, 상품 혁명, 이익의 혁명이다.

그리고 현재 패미콘 소프트[12]를 취급하기 시작함으로써 복합형 서점은 또다시 새로운 혁명을 일으키고 있다.

그것은 리사이클이라는 새로운 개념을 서점에 가져온 혁명이다. 매입, 판매를 통해서 얻어지는 매매 차익이 있는 서점에서 대여업이라는 대출에 의한 수수료 수입도 신감각의 이윤 추구였으나, 이번에는 상품을 재활용(리사이클) 하는 사업에 착수했다. 중고 상품을 고객한테서 사다가 그것을 다시 파는 상법은 종래의 서점에는 존재하지 않았다.

고물상 감찰(鑑札)을 취득하여 사업을 전개하는 재활용 혁명이 제4의 혁명이다.

책에는 정가가 있고, 대여에는 요금 체계가 있다. 그러나 중고 패미콘 소프트의 매입 가격은 천차만별이고, 판매 가격에 이

---

12) 패미콘 소프트: 일본에서 유명한 오락용 게임 소프트웨어

르러서는 시장 정보에 정통하지 않으면 도저히 적정 가격을 매길 수 없다.

다시 말하면 잇따라 겹치는 혁명으로 인해서 복합형 서점은 크게 변화하기를 강요당하고 있다. 새로이 성장해 온 시장에 대응하는 것이 벤처(모험) 기업이 되는 이유이다.

그래서 복합형 서점에는 이중 가맹점이 생겨났다. 단독으로 복합형 서점을 경영하고 있는 서점도 있지만, 대여용 비디오는 다른 프랜차이즈에 가맹하여 그 본부의 지도를 받고 있는 경우가 많다.

AV 대여 사업의 가장 큰 난관은 매입 업무이다. 유력한 프랜차이즈에 가맹하면 매입 업무를 본부가 컴퓨터를 구사하여 대행해 준다. 이렇게 함으로써 매입 위험부담(risk)을 최소한으로 억제할 수 있다. 그 외에 상품 동향, 판매 정보, 회원 정보를 얻을 수 있어서 프랜차이즈 본부의 도움을 받는 일이 많다.

패미콘 소프트에 대해서도 같은 말을 할 수 있다. 중고 패미콘 소프트의 시장 가격, 타당한 매입 가격, 판매 가격은 전문적인 프랜차이즈 본부의 시스템에 의존하는 편이 성공할 확률이 높다. AV 대여나 패미콘 소프트를 다 같이 전문적으로 지도할 수 있는 프랜차이즈 본부는 아직 발견되지 않는다. 따라서 프랜차이즈 본부의 이중 가맹이라는 말이 성립된다.

복합형 서점 중에는 찻집, 아이스크림, 자연 식품을 판매하고 있는 점포가 있는데, 이러한 부문들은 각각 전문적인 프랜차이즈 본부에 가맹해 있는 예가 거의 대부분이다. 이것도 이중 프랜차이지이다.

재활용 점포의 출현은 패미콘 소프트뿐만은 아니었다. 고물상 감찰을 출판업계에 도입하여 성공한 프랜차이즈 사업이 있다. 현재 사회적으로 주목받고, 5년간 114개 점포를 전국에 확대시킨 고서점 「BOOK · OFF」이다. 패미콘 소프트의 재활용과 마찬가지로 읽고 난 책의 재활용을 꾀하자 주민이 좋아하고, 재활용된 책은 50% 할인해서 싸게 독자에게 판다. 가격 파괴를 기치로 내세우고 사카모토 다카시(坂本孝) 사장은 5백개 점포를 목표로 삼고 있다. 이미 신간 서점 중에서도 「BOOK·OFF」에 가맹한 서점이 나타나고 있다. 다음 항에서 「BOOK·OFF」에 대해서 설명하기로 한다.

주목받는 「BOOK·OFF」

「BOOK·OFF」의 프로필부터 소개해 보자.

기업 이름   북 오프코포레이션주식회사
본사   가나카와 현 사가미하라 시(神奈川縣相模原市)
대표자   사카모토 다카시
기업 설립   1991년 8월
자본금   6천 8백만 엔
연상(年商)   29억 1만4천만 엔
             〔직영·프랜차이즈 공(共), 94년 6월 71개 점포 현재〕
점포수   114개 점포〔95년 5월, 내·직영점 22점〕
취급 비율   만화 30%, 단행본 30%
             문고·신서 30%, CD 10%
표준 점포   점포 면적 ──── 264 평방미터
             영업 시간 ──── 10~24시
             종업원 ───── 정사원 1명 외
             로열티 ───── 매출액의 4%
             계약 기간 ────5년

「BOOK·OFF」의 경영 이념은 시대를 창조하는 재활용 서점

의 확립이다.

풍요로운 시대인 오늘날, 일본인은 1인당 평균 연간 책을 40권 산다(1993년도 실제로 팔린 책 : 잡지 39억 권, 서적 9억 권). 4인 가족을 표준으로 삼을 때 한 가정에는 연간 1백권 이상의 책이 쌓인다. 여기에 착안하여 책의 재활용을 생각해 낸 것이 「BOOK·OFF」이다.

「BOOK·OFF」는 고서점 프랜차이즈 체인이므로 패미콘 소프트점과 마찬가지로 고물상 감찰에 의해서 고서나 헌책들을 마구 사들인다. 헌책이라 하더라도 한 번 읽었을 뿐이고, 또 신간 서적이나 문고, 만화, 신서가 중심을 이루고 있기 때문에 새 책과 다름이 없을 정도로 깨끗하다. 「BOOK·OFF」는 정가의 10~15%에 매입하여 정가의 50%에 판매한다. 이익율 80~70%의 고수익을 올리는 장사다. 신간 서점의 평균 이익율 21.5%와 비교하면 큰 차이라고 하지 않을 수 없다. 「BOOK·OFF」가 사회적으로 주목을 받고 있는 현재, 헌책 서점 프랜차이즈 체인으로서의 특색, 성격을 다음에 검토해 보자.

① 헌책 서점 프랜차이즈 체인으로는 일본에 단 한 군데밖에 없다고 해도 좋다. 더구나 설립 5년 만에 114 점포를 전개한 속도는 분쿄도(文敎堂)을 능가한다. 고서점을 전국에 전개한 것도 진기하다.

② 헌책 서점의 어두운 이미지나 음침함이 전연 느껴지지 않고, 노랑과 흰색으로 채색된 화려한 전포 내부는 신간 서점이라고 착각할 정도이다.

③ 점포 면적이 80~120평나 되어, 종래의 헌책 서점과는 비교가 안 될 정도로 크고, 신간 교외형 서점과 유사하다.

④ 멤버십제(制)를 채용하여 회원에게는 5% 할인 특전, 상품의 서비스, 각종 행사에의 초대 특전이 있다.

⑤ 텔레폰 카드로 책을 살 수 있는 신상법(新商法)도 채용하고 있다. 일반적인 헌책 서점에서 쓸 수 없는 도서권이 유통된다.

⑥ 판매 상품에는 헌 책만이 아니라 패미콘 소프트, CD 등도 있어서 복합 서점화하여 신간 복합 서점과 비슷해졌다.

제7장

●

서점의 판매 시스템과 생산성

'매장 생산성'을 생각하는 일은 중요하다

매장 면적을 유효하게 활용하는 방법을 '매장 생산성'의 향상이라고 한다. 보기 쉬운 진열, 사기 쉬운 매장이 되어야 하는데, 적정한 매장 면적은 얼마나 되어야 하는가가 문제이다. 이 적정 면적은 규모, 입지 조건에 의해서 달라지는데, 현재 하나의 기준으로서 도매점이 발표한 경영 지표라는 것이 있다. 권역 혹은 지역별(地域別), 입지별, 매장 규모별, 업태별에 대해서는 <표 19>와 같다.

권역별에서 도쿄 권역과 중부 권역과는 약 배에 가까운 격차가 있다.

입지별에서는 역사(驛舍)와 역 앞의 입지가 높고, 교외 입지는 역사에 비해 하루 매출액이 54.8%의 비율이다.

규모별로 보면 201평 이상의 초대형점은 연간 1평당 416만 엔의 매출액이 오름에 반해서, 51~1백평의 중규모점은 272만 2천엔이어서 65.4%의 비율이다.

조건에 따라 두드러지게 차이가 있음을 인식하여 서점을 낼 때 매출 계획을 고려하지 않으면 안 된다. 특히 신규점의 개점 초년도에는 이 수치를 달성하지 못하는 경우가 있다.

종래부터 있던 점포 중에서, 해당 수치와 비교해서 낮은 위치에 있는 경우의 대부분은 매장 면적이 너무 넓거나, 활용되지 않고 있는 매장이 있거나, 재고 상품의 회전이 나쁘거나 하기 때문이다. 혹은 양자의 상승 폐해(相乘弊害) 때문이다. 급히 원

<표 19> 매장 1평당 점포 매출액

권역별

	전국 평균	홋카이도·도후쿠	도쿄	간토	중부	주케이	간사이	주고쿠·시코쿠	규슈
연간(천 엔)	3,135	2,589	4,097	4,027	2,092	2,431	2,972	3,521	2,720
월간(천 엔)	261	216	341	335	174	203	248	293	227
1일(엔)	8,771	7,264	1만 1,594	1만 1,195	5,816	7,002	8,297	9,794	7,561

입지별

	전국 평균	역사·역전	상점가	SC 내	주택가	교외
연간(천 엔)	3,135	2,798	3,305	2,569	2,852	2,446
월간(천 엔)	261	368	275	214	238	204
1일(엔)	8,771	1만 2,303	9,223	7,532	8,067	6,743

매장 규모별

	전국 평균	20평 이하	21~50평	51~100평	101~200평	201평 이상
연간(천 엔)	3,135	2,798	3,389	2,722	3,388	4,160
월간(천 엔)	261	233	282	227	282	347
1일(엔)	8,771	7,970	9,451	7,598	9,543	1만 1,543

지역별

	전국 평균	3대 도시권	지방
연간(천 엔)	3,135	3,976	2,598
월간(천 엔)	261	331	217
1일(엔)	8,771	1만 1,117	7,274

업종별

	전국 평균	전업	겸업
연간(천 엔)	3,135	3,075	3,228
월간(천 엔)	261	256	269
1일(엔)	8,771	8,613	9,019

인을 밝혀 내어 개선할 필요가 있다.

'상품 생산성' 과 차별화 전략

'상품 생산성'은 상품의 회전율에 의해서 나타나는 수치이다. 서점 전체에서는 재고 조사를 할 때의 총 상품 금액(판매가)으로 연간 총 매출액을 나누면 상품 회전율이 나온다. 현재로는 6회전을 목표로 삼고 있으니까, 예를 들면 재고 금액이 2천만 엔이라면 연매출 1억 2천만 엔이 되지 않으면 평균 이하의 서점이 되는 셈이다.

서점에는 개성, 특징이 있으니까, 그 특징 부문의 상품 회전율은 평균 이상이 되어야 한다. 자칫하면 재고 과다가 되어 회전율을 떨어뜨리게 되므로 주의해야 한다.

서점 전체로서의 상품 회전율도 중요하지만, 여기서는 부문별 상품 회전율을 중요시하고 싶다.

부문별 매출 구성 비율과 부문별 상품 회전율을 감안하여 수입이 적고 회전율이 나빠서 채산이 안 맞는 부문은 축소하거나 폐지하는 방향으로 나가야 한다.

잡지는 발행 빈도가 많고, 정기 간행물이기 때문에 회전율은 높아진다. 월간 잡지가 1년에 12회 이상 발행되므로 회전율이 12회라고 보는 것은 잘못이다. 잡지의 월간 평균 매입액(월간 재고액, 판매가)으로 잡지의 연간 총 매출액을 나눈 것이 상품 회전율이다.

차별화 전략을 쓰기 위해서 특정 분야에 대해서는 회전율을 도외시하고 상품 정책을 택하는 일이 있다. 이것은 지역 안에서 장사가 가장 잘되는 점포를 목표로 삼기 위한 경영 전략이어서, 결과적으로 신규 고객의 획득, 고객수의 증가, 서점 전체의 매출 증가, 회전 증가에 연관되는 수도 있다.

회전율 지상주의만을 추구해 나가면, 어느 서점이나 비슷비슷한 서점이 되거나 편의점이 되어 버린다. 각 서점에서는 특징 있는 상품 전략을 펴 나가야 한다.

'노동 생산성'을 높이기 위해서

서점 종업원 한 명이 올리는 월간 판매액 수치가 도매점의 데이터에 의해서 발표되어 있다.

'노동 생산성', '인시(人時) 생산성', '노동 분배율', '노동 장비율(裝備率)'은 <표 20>과 같다.

단순히 봐서, 한 사람이 1개월에 250만 엔 판매하는 것이 기준이다. 예를 들면 월간 판매액이 1천만 엔 되는 서점은 4명이 맡아서 처리하지 않으면 채산이 맞지 않는다고 생각해야 한다.

노동 분배율도 중시하지 않으면 안 되는 인건비의 판단 자료이다.

서점은 노동 집약형 업종이기 때문에, 매출에 비해서 종업원을 너무 많이 고용하는 업종이다. 이익금의 절반 이상을 인건비로 쓰는 현재의 상황을 타파하지 않으면 서점은 이익이 오르지 않는다.

비수기에 맞는 인원만으로 꾸려 나갈 태세를 갖추고, 소수 정예주의에 익숙해져야 한다. 바쁜 시기에는 아르바이트 인원을 써서 극복해 간다. 노동 분배율 50% 이하를 목표로 삼아야 한다.

서점은 평당 효율이 높고, 상품 회전율이 높으며, 노동 생산성, 노동 분배율이 평균 이상이면 모범적인 경영이라고 할 수 있다. 적정 규모로 잘 팔리는 책, 스테디 셀러가 제대로 갖춰져

\<표 20\> 노동 생산성, 인시(人時) 생산성, 노동 분배율, 노동 장비율

지역별

	전국 평균	3대 도시권	지 방
노동 생산성(천 엔)	5,614	5,604	5,619
인시 생산성(엔)	2,799	3,334	2,592
노동 분배율(%)	53.7	52.6	54.3
노동 장비율(천 엔)	3,785	2,524	4,227

업태별

	전국 평균	전업	겸업
노동 생산성(천 엔)	5,614	5,506	5,812
인시 생산성(엔)	2,799	2,713	2,960
노동 분배율(%)	53.7	57.3	47.0
노동 장비율(천 엔)	3,785	3,434	4,550

종업원 규모별

	전국 평균	5인 이하	6~15인	16~30인	31~100인	101인 이상
노동 생산성(천 엔)	5,614	5,830	5,841	5,361	5,907	4,851
인시 생산성(엔)	2,799	2,709	2,724	2,892	3,250	2,535
노동 분배율(%)	53.7	58.8	57.3	53.5	46.9	50.1
노동 장비율(천 엔)	3,785	2,714	3,469	5,949	3,962	4,051

수익별

	전국 평균	3% 이상	1% 이상 3% 미만	0% 이상 1% 미만	0% 미만
노동 생산성(천 엔)	5,614	6,089	5,535	5,934	5,485
인시 생산성(엔)	2,799	2,758	3,066	2,743	2,687
노동 분배율(%)	53.7	44.9	55.8	50.9	55.0
노동 장비율(천 엔)	3,785	3,328	3,224	3,309	4,175

※ 파트, 아르바이트는 사원에 준해 정한 노동 시간과의 비율로 환산했다.
※ 노동 생산성(종업원 1인당 연간 이익금)=이익금÷종업원수
※ 인시 생산성(종업원 1인 1시간당 이익금)=이익금÷종업원수÷노동 시간
※ 노동 분배율 = 총인건비÷이익금
※ 노동 장비율(종업원 1인당 고정 자산액)=고정 자산÷종업원수

있고, 고객의 주문에 재빨리 대응하며, 적은 인원으로 경영할 수 있으면 최고 서점이라 할 수 있다.

그러나 실제의 상황은 이론대로 되지는 않는다. <표 20>의 경영 지표와 대조하여 확인하고, 수정을 계속해 나가면 된다.

판매 촉진을 위한 특별 판매 행사

서점에 진열되는 책 중에서 신간에 관해서는 전국이 동일하고, 또 그러한 책이 점두에서 사라지는 것도 동일하다. 그것은 업계의 특수성인 위탁 판매 제도에 원인이 있기 때문이다.

발매는 도매점(총판처)을 통해서 전국에 일제히 한다. 그 증거로 신문 광고에 게재된 날짜가 대체로 발매일과 일치하기 때문이다. 그리고 3개월간 진열되고, 위탁 기간 이내에 반품되어 점두에서 사라진다. 신간 종수가 많아서 모두 다 진열할 수 없게 되면 진열 기간은 짧아지고, 상품의 라이프 사이클은 단축되어 버린다.

서점이 차별화 전략을 쓰려고 할 때 도입되는 것이 특별 판매 행사이다. 의식적인 판매요, 서점의 주장이라고도 할 수 있는 판매 전략이다.

특별 판매 행사에는 ① 서점의 자주적인 특매 행사 ② 출판사가 계획한 특매 행사 ③ 도매 회사가 기획한 특매 행사의 세 가지 종류가 있다.

②,③에 관해서는 특매 행사의 테마, 규모 권수, 개최 기간에 맞춰서 공간을 확보하여 개최하면 좋다. 다만 이 기획은 참가점을 중심으로 전국에서 일제히 전개되는 경우가 많아서 차별화가 되지 않는 수도 있다. 그러나 서점 내의 풍경에 변화와 강조를 주어 판촉의 일부분이 되는 것은 분명하다.

서점의 자주적인 특매 행사가 바람직하다. 그러나 큰일이다. 판매 예산, 경비 예산, 기획, 목록 선별, 발행처와의 교섭, 카탈로그 제작, 선전·광고, 반입, 진열, 판매, 반품, 판매 데이터 집계 등 준비 단계에서부터 종료될 때까지 시간과 품이 드는 것은 사실이다. 어느 정도의 지식과 경험이 없으면 독자가 좋아하는 특매 행사는 할 수 없다. 그러나 실패도 하나의 경험이다. 처음부터 좋은 기획을 세우기는 무리이며 여러 차례 경험을 쌓을 필요가 있다.

서점의 중대한 손실 – 책도둑에 대한 대책을 생각한다

서점의 이익이 적다는 것은 앞에서 이미 말한 바와 같거니와, 그 이익금의 절반은 인건비로 쓰이고 만다. 나머지 절반의 이익금으로 다른 경비인 지대(地代), 가게세, 수도·광열비, 통신비 등을 처리하기 때문에 영업 이익은 1% 전후로 계산상 나타낼 수 밖에 없다.

서점의 매입 원가는 잡지나 서적이나 다 같이 정해져 있고, 판매 가격은 정가로 결정되어 있기 때문에 그 매매 차이는 고정되어 있다. 이러한 경직적인 이익 구조 속에서 가장 먼저 문제가 되는 것은 손실이 발행하지 않게 하는 일이다. 단적으로 말하면, 서점 경영은 손실 관리의 경영이라 할 수 있다.

손실에는 외상값이나 빚돈을 떼이는 대손(貸損), 계산 착오 부수의 발생, 책도둑 등이 있는데, 여기서는 서점에 많은 책도둑에 대해서 생각해 보자.

서점의 책도둑은 없어지지 않을 뿐만 아니라 연소자나 소녀에게까지 퍼져서 사회 문제가 되고 있다. 서점에는 이익률을 저하시키는 원인이 되므로 책도둑을 박멸해 버리지 않으면 안 된다.

■ 책도둑 현황

① 도둑맞는 상품의 종류

도둑맞기 쉬운 책은 어떠한 것일까? 숫자가 많은 것부터 차례로 들면 만화 27.9%, 성인용 서적·잡지 14.7%, 잡지 11.5%, 일반 서적 11.1%, 학습 참고서·사전 10.2%, 문고·신서 10.0%, 호화본 1.1%, 기타 13.5%로 되어 있다.

대형 서점에서는 호화본, 가격이 비싼 책이 표적이 되기 쉽다. 미술서, 전문서 코너에는 프로급 책도둑이 접근해 있음을 알아야 한다.

② 책도둑 분석

중학생 39.4%, 고교생 25%, 초등학생 18.4%만으로도 전체의 82.8%를 차지하고 있다. 학생이 모이는 서점은 활기가 있어서 좋으나, 도둑과 서로 등을 맞대고 있다는 것을 인식하지 않으면 안 된다. 이 밖에 대학생 3.3%, 사회인 7.9%, 주부 2.1%로 되어 있다. 최근에는 도둑의 나이가 점차로 낮아지는 경향이 있다.

③ 책도둑 형태

단독 59.5%, 2인조 22%, 3인조 12.2%, 4인 이상 6.3%인데, 단독범과 복수범의 비율은 6대 4이다. 최근에는 공동체 혹은 동류 의식 탓인지 2~3인의 공동범이 늘어나고 있다. 필자의 경험으로는 7명이 서점에 들어와서 6명이 도둑질을 한 경우도 있다.

④ 도둑맞는 상품의 진열 장소

서점 앞 16.1%, 서점 중앙 31.2%, 서점 안쪽 46.8%로 되어 있다. 대형 서점일수록 안쪽에서 도둑맞는 경우가 많다. 서점 안쪽은 감시의 시선이 미치기 어렵고, 또 사각(死角)이 많아서 노림을 당한다.

⑤ 도둑맞는 시간

평일과 휴일이 다르다. 평일은 16시가 30.7%, 17시가 27.5%, 18시가 12.8%, 15시가 11.2%여서 학생들이 하교할 때 많다.

휴일은 15시가 24.6%, 14시가 15%, 16시가 14.4%여서, 시간에 얽매이지 않는 휴일은 하루 종일 도둑이 발생하기 쉬운 상황이다.

⑥ 책도둑이 많은 달

3월 17.7%, 4월 16%, 8월 18.5%, 12월 20.5%이다. 봄방학, 여름 방학, 겨울 방학 때가 압도적으로 많다. 초·중·고교생이 학교에서 해방되는 시기이기 때문이다. 이 시기는 서점이 바쁜 시기여서 눈이 미치지 않는 때이기 때문이다. 따라서 점원을 늘려서 단단히 감시하지 않으면 책도둑은 방지할 수 없다. 이 시기에는 집단 도둑이 많다.

책도둑이 생기는 주된 원인

이하 책도둑이 생기는 주된 원인에 대해서 생각해 보자.

① 고객에 대한 관심이 적다

이것이 결정적, 치명적인 원인이다. 이것은 장사하는 사람이 갖춰야 하는 에티켓의 기본인 "어서 오십시오"라는 소리가 없다는 증거이다. 당연히 "감사합니다"라는 소리도 없고, 서점 전체에 활기가 없다고 판단할 수 있다.

② 서점 안에 사각(死角)이 많다

사원이 항상 앉아 있는 계산대 위치에서 멀어질수록 책도둑의 발생률은 높다. 사각이 많으면 반드시 점원의 시선이 미치지 않는 곳에서 도둑을 맞고 만다. 모든 구석구석을 샅샅이 바라보는 습관을 붙여야 한다.

③ 도둑맞기 쉬운 상품의 진열 장소가 나쁘다

초등학생은 지우개, 샤프 등 자질구레한 물건을 좋아한다. 그 상품이 도둑맞기 쉬운 곳에 진열되어 있으면 죄를 짓게 된다. 고액 상품도 눈에 띄기 쉬운 곳에 진열해야 한다.

④ 서점 내부가 난잡하다

상품 관리가 잘되어 있고, 정리 정돈이 제대로 되어 있으면 도둑질하기가 어렵다. 예를 들면 녹음 테이프의 정량(定量)이 항상 진열되어 있을 때, 만일 조금이라도 부족할 경우에는 금새 알 수 있으므로 도둑질하기가 어려울 것은 뻔한 일이다.

⑤ 서점 내 인원의 배치과 임무

종업원이 한군데에만 모여 있다든지, 잡담에 정신을 팔고 있으면 '훔쳐 가십시오' 하고 말하는 것과 같다. 진열, 보충, 접객, 정리 등 종업원은 서점 안을 돌아다닐 필요가 있다.

효과적인 책도둑 방지책

책도둑을 방지하는 효과적인 방법에는 다음과 같은 것이 있다.

① 거동이 수상한 고객, 큰 가방을 들고 있는 고객, 집단적으로 몰려다니는 학생에 대해서는 주의해야 한다

"무슨 책을 찾으세요?" 하고 말을 걸거나, 행동을 감시당하고 있음을 상대방에게 눈치채게 하여 도둑질을 방지한다. "저 책방에선 못 훔쳐" 하고 소문나게 하는 것이 중요하다.

② 천장 거울을 붙이거나 벽거울을 걸어 놓는다

자기의 모습이 거울에 비치기만 해도 행동에 자제가 된다. 계산대 위치에서 보이도록 해 놓아도 도둑 방지에 도움이 된다. 사각에는 꼭 거울을 걸어 놓기 바란다.

③ 서점 안을 돌아다닌다

학생들의 하교시부터 저녁때까지는 특별히 순회한다. 화장실에 가거나 식사하러 갈 때에는 서점 안의 통로를 바꾸어 다니는 것도 도둑 방지에 도움이 된다.

신간을 진열하거나 보충할 때, 책꽂이를 정리할 때, 주위를 자주 살피고 있으면 도둑 방지에 도움이 된다.

④ 짐을 입구에 맡긴다

뉴욕의 쿠퍼스퀘어 북스에서는 입구에 짐을 맡기는 곳이 있다. 'All bags must be checked'라고 표시되어 있는데, 점원이 싱글싱글 웃으며 짐을 맡아 주면서 보관표를 내준다.

이바라기 현 가고시마 시(茨城縣鹿島市)에 있는 오카미(岡見) 서점에서도 가게 안으로 가방을 들고 들어오지 못하게 금지하

고, 가게 앞에 짐을 놓는 곳이 만들어져 있다. 짐을 맡기거나 놓는 코너를 만들면 된다.

⑤ 방범 카메라를 설치한다

서점 내의 사방 구석에 방범 카메라를 설치해 놓는다. 회전식과 고정식 두 가지가 있는데, 될 수 있으면 각도가 넓은 회전식을 설치하는 것이 좋다. 모니터 카메라는 사장실이나 사무실에 설치되어 있는 경우가 많은데, 계산대 옆에서 감시하는 편이 효과가 크다. 모형 카메라를 설치해 놓아도 도둑에겐 위협이 된다.

⑥ 경비원을 배치한다

도난 사고 빈발, 고액 상품 도난이 만성화할 경우에는 발본색원할 수 있는 도난 대책을 생각지 않으면 경영적으로 큰 지장을 겪게 된다. 전문적인 도둑이나 집단 도둑에게 송두리째 당하고만다. 이런 경우에는 전문적인 경비 회사에 찾아가 상담해서 일정 기간, 예컨대 3개월이나 반 년 동안 경비해 달라고 의뢰하고, 철저히 도둑을 막는 것이 좋다. 비용은 들지만, 필요한 수단이다.

⑦ 집안 도둑에 주의한다
가장 곤란한 문제이다.
    ⓐ 퇴근할 때 사물(私物)을 제시하는 습관을 붙인다.
    ⓑ 사물은 로커(사물함) 이외에는 놓지 않는다.
    ⓒ 구입 상품에는 반드시 영수증, 구입 전표를 붙인다.

서점의 판매 자동화가 추진된다

서점 경영은 매출액 증가와 비용 감소를 균형 있게 조절하는 경영이라고 해도 좋다. 최종 목표는 이익을 올리는 일이다. 그러기 위해서 경영 수치를 대비해 보고, 자기 서점의 경영 상태가 플러스 쪽으로 수렴되고 있는지 마이너스 쪽으로 수렴되고 있는지 판단하는 것이 경영자의 임무이다.

이 판단 업무를 정확하고 신속하게, 자동적으로 해 주는 것이 컴퓨터이다.

경영의 역사가 생력화(省力化)[13], 표준화의 역사이듯이, 상인은 옛날부터 거래 교본을 작성하고 개정하여 정밀한 작업 기준을 만드는 노력을 해 왔다.

비용 감소(비용 관리)와 매출액 증가(판매 관리)를 공업화하려고 한 것이 서점의 판매 자동화이다. 다만 서점 업무가 모두 공업화될 수 있는 것은 아니다. 할 수 없는 것 중 가장 대표적인 것이 서비스이다. 서비스 자체는 사람이 하는 것이어서 공업화하기가 불가능하다. 다만 서비스 향상을 위한 소재나 분석은 공업화에 의해서 가능하다. 요컨대 서점 안에서 공업화할 수 있는 것은 있는 힘을 다하여 공업화하고, 사람 중심의 서비스는 인재 육성에 의해서 향상시켜 왔다.

서점은 장치(裝置) 산업적인 일면이 있다. 즉 점포나 집기라는 하드에 정보라는 소프트웨어를 배열하여 독자가 찾아오기를 기다린다. 그리고 점포에서 독자가 소프트웨어를 선택함으로써 매출이 성립한다.

이 소프트웨어 선택의 단계에 부가 가치적인 행위는 표면적으로는 느껴지지 않는다. 어디까지나 독자의 구매 기준에 의해서

---

13) 생력화(省力化) : 기계화나 자동화로 작업 시간이나 노력을 덜게 됨을 뜻함

책은 팔리는 것이다.

그러나 실제로는 독자를 의식한 서점에서 부가 가치 판매를 하고 있다. 그것은 구매시점 광고(POP: Point of purchase)에 의한 상품 설명이자 판매 촉진이요, 종업원에 의한 근접 서비스나 카탈로그 배포 등 사전 서비스, 점두 서비스가 끼여든다.

문제는 하드웨어 속에 장치된 소프트웨어가 독자에 대해 어느 정도의 환영률, 지향률을 갖느냐 하는 것이다. 고객이 무엇을 원하는지 알아채지 않으면 안 된다.

독자 지향은 독자의 구매력, 구매 경향을 성별, 연대별, 계층별 등으로 분석함으로써 파악할 수 있다. 컴퓨터는 이러한 분석을 가장 잘하는 기계이다.

종래는 경험이나 직감에 의해서 분석했으나, 데이터를 체계적으로 수집하여 분석하는 도구로 판매 자동화가 추진되었다.

이렇게 함으로써 서점의 관리 수준을 향상시키고, 데이터를 활용하면 매출액이 증가한다.

POS 시스템과 핸디 터미널 시스템

서점의 판매자동화 기기에는 POS와 핸디 터미널이 있다.

POS는 POS 시스템으로서의 기능을 가리키는 것이다. 요컨대 판매시점 정보관리(Point of Sales) 시스템인데, 상품이 팔린 시점에 컴퓨터에 책 이름, 단가, 권수, 판매 시각, 고객 속성(남녀, 연령)을 기록시켜 판매를 관리하는 시스템이다. POS 계산기에 축적된 그날 그날의 판매 데이터를 가공하여 상품을 관리하는 특징이 있다.

종래의 경험이나 직감에 의한 경영에서 벗어나 POS 계산기에 의한 과학적인 관리를 함으로써 현재 시점에서 자기 서점의 모습이 당장에 일람할 수 있는 표에 의해서 해석되어 프린트 아웃되는 것이다.

현재 상황은 각 도매점에서 개발한 POS 시스템에 참가하든가, 닛쇼렌(日書連)의 'BIRD-NET' 시스템에 참가하든가 해야 한다.

서점에서 독자적으로 시스템을 개발하는 일은 비용과 시간이라는 점에서 문제가 많다. 또 이미 단독 서점에서 개발된 POS 시스템에 참가하는 방법도 있으나, 일반성에 문제가 있어서 권장하기 어렵다.

각 도매점에서 개발한 POS 시스템은 수많은 사례를 겪을 때마다 개량되고 있으므로 이용하기 쉽고, 기능면에서도 뛰어나다. 서점에 필요한 데이터가 들어가 있어서 경영 관리에 도움이 된다.

POS 시스템에 의한 유효한 기능은 다음과 같다.

① 전체 매출 관리
② 부문별 매출 관리
③ 부문별 품목 매출 베스트
④ 부문별 출판사 실적
⑤ 고객층별 매출 관리
⑥ 고객층별 부문별 관리
⑦ 시간대별 매출 관리
⑧ 시간대별 고객층별 관리

이외에 취급자별 매출 관리, 혹은 그룹별 매출 관리를 할 수도 있다.

이상과 같은 각종 판매 정보에 의해서 가능한 것에 대해 생각해 보자.

① 고객의 정보를 관리할 수 있다

고객의 연령별 매출액을 분석함으로써 자기 서점의 고객층을 분석할 수 있다. 또한 시간대별로 어느 고객층이 집중하는지도 분석할 수 있다.

② 상품의 구색을 갖추기 위한 정보를 관리할 수 있다

장르별 매출액 순위표, 매출이 없는 책 목록 등에 의해서 잘 팔리는 상품, 안 팔리는 상품을 파악하여 자기 서점의 입지와 고객층에 맞는 상품 계획을 세울 수 있다.

③ 재고를 관리할 수 있다

ABC 분석, 품절 목록 등을 분석함으로써 부문별 기준 재고를 설정할 수 있다.

판매의 순환성인 매입 – 재고 – 판매 – 매입 등은 POS 시스템에 의해서 컴퓨터 관리를 할 수 있다.

고객은 무엇을 원하고 있는가, 그 고객의 요구에 대해서 어느 상품을 얼마 만큼 매입해야 좋은가, 매입한 상품은 며칠 동안 얼마나 팔렸는가?

이러한 판매 상황을 POS 시스템에 의해서 파악하고 활용해 가는 것이 POS의 효용이라는 것이다.

이외에 POS 시스템은 서점의 기본 업무를 정확히 해 준다. 종래에는 많은 시간을 들여, 베테랑이 아니면 할 수 없었던 업무도 이제는 POS 시스템이 해결해 준다. 그 중에서도 발주 업무가 전산화함으로써 24시간 태세가 된 효과는 크다.

■ 업무 내용

① 서적, 잡지 뉴미디어 상품 발주 업무
② 서적, 잡지 정기 개정 업무
③ 서적 정보 검색 업무
④ 서적 정기 대장(臺帳) 관리 업무
⑤ 잡지 실적 관리 업무
⑥ 고객 주문품 관리 업무
⑦ 반품 관리 업무
⑧ 자동 발주 업무(정번 상품 보충 시스템)
⑨ 외상 판매 관리 업무
⑩ CD-ROM 검색 업무
⑪ 각종 데이터 안내 업무

이상이 도매점의 POS 시스템에 관한 모든 내용이다.

닛쇼렌에서 개발한 'BIRD-NET'도 만 5년이 지났다. 각 도매점과의 온라인화도 순조로이 진행되어, 현재는 노트형 개인 컴퓨터를 도입해서 시스템의 내용 충실과 이용 확대에 힘쓰고 있다.

현재, 도매점 POS 시스템에 비해서 가격이 싼 특색은 있으나, 도매점과의 접속에 문제를 남기고 있는 것은 부정할 수 없다.

POS 시스템이 컴퓨터의 기술 혁신으로 가격이 저렴해졌다고는 하지만, 초기 도입 비용 외에도 월 10만 엔 이상의 리스료와 기본 사용료가 경비로 들어간다. 따라서 경비를 조달하는 매출 규모(월상 1천만~1천 2백만 엔 이상)가 없으면 도입하기가 불가능하다.

이런 점에서 그 후에 개발된 핸디 터미널 시스템은 POS 도입 이전의 서점에 복음 같은 정보 기기로 대두되었다.

서점—도매점 간의 쌍방향성은 부족하지만, 서점의 번잡한 업무를 간단히 해 주는 기기이다.

반품, 발주, 정기 개정의 데이터 송신은 보통의 공중 회선으로도 할 수 있는데, 월 비용은 2만 5천 엔 전후이다.

서점에서의 반품 업무는 자금 융통과 관련 있는 중요한 작업이고, 업무 또한 이만저만한 것이 아니었다.

지금까지 잡지 이름, 호수, 정가, 권수를 손으로 써 온 반품 명세서를 핸디 터미널을 씀으로써 바코드를 다시 치기만 하면 명세서가 작성된다. 작업하기가 편할 뿐만 아니라, 짧은 시간에 정확히 작업할 수 있어서, 아르바이트에게도 맡길 수 있다.

발주도 판매 전표를 다시 치기만 할 뿐이고, 정기 개정도 재빨리 할 수 있다.

POS 도입 이전의 서점은 반드시 갖춰야 하는 정보 기기인 핸디 터미널을 사용하기 바란다.

후 기

각박한 경영 환경 – 서점업의 생존 전략

서점을 둘러싼 경영 환경의 악화는 상상했던 것보다도 더 심하다. 도한(東販)(「서점 경영의 실태」 헤이세이 7년도판), 닛판(日販)(「서점 경영 지표 '95」)의 자료를 보더라도 서점 매출액 신장률 평균이 1%밖에 안 되고, 경영 이익률 전국 평균이 0.68%여서 작년에 비해서 0.3% 줄어들었다.

돈벌이가 안 되는 서점, 장사하기 어렵다는 서점의 이미지를 떨쳐 버릴 수는 없지만, 한편으로는 연간 매장 평수가 신기록이라 할 정도로 확대되고 있는 사실을 보고도 당혹스러워하지 않는 것이 이상하다. 이것은 신장하는 서점과 쇠퇴해 가는 서점과의 낙차가 오늘날에 와서 현저해졌음을 의미하는 것이다.

대형 서점, 체인 서점의 활발한 분점 활동으로 인해서 서점의 매장 면적은 확장되고 있다. 전업하거나 폐업하는 서점의 평균 평수가 20평 전후임에 반해서 신규점의 평균 평수는 70평이니까, 서점수는 감소하더라도 매장 면적은 확대해 가고 있다.

이 낙차는 무엇 때문에 생긴 것일까? 이것은 말할 것도 없이 실력 있는 서점의 대두이자 체인화(化)이다. 면밀한 분점 전략에 따른 것이지만, 종래 서점과의 차이는 근대 서점으로서의 무장화이자 시스템화이다. 앞으로의 서점이 피해 갈 수 없는 부분이 이제 두드러지게 부각되었다.

서점의 판매 자동화는 점점 더 추진된다

무엇보다 먼저 생각나는 것은 서점의 판매 자동화이다. 현재 약 3천 점의 서점이 POS를 도입하고 있다. 닛쇼렌(日書連) 가맹점 약 1만 1천 점의 27.3%에 해당하는 서점이 POS 무장을 한 셈이다. 그러나 법인(法人) 서점으로는 15% 전후이다. 대형점, 체인점이 네트워크가 되어 있음을 의미한다.

도매점(총판처)의 사무 자동화는 1970년대부터 추진되었고, 물류(物流)의 하이테크화는 해마다 더 고도로 추진되었다. 도매점과 서점이 온라인화한 역사는 얼마 안 되어 1984년에 출발한 TONET(도한), NOCS(닛판)가 선도 역할을 한 지 10년 이상이 지났고, 이제부터 본격적으로 보급되어 갈 것이다.

출판업계의 온라인 네트워크는 착착 구축되어 가고 있다.

① 출판사 → ② 출판업계 VAN(트윈네트) → ③ 도매 회사 → ④ 도매 각 회사의 네트워크 → ⑤ 서점이라는 흐름이 개념적으로는 형성되어 있다.

도매를 주도하는 네트워크와 대등하게 닛쇼렌 VAN(BIRD-NET)도 존재한다. 이용하는 서점은 322점(헤이세이 7년 3월 현재)이다. 이것을 이용하는 서점은 ③ 도매 회사 → ④ 닛쇼렌 VAN → ⑤ 서점의 흐름이 된다.

1995년 10월, 도한이 출판업계의 VAN 전용 컴퓨터를 도입하고, 운영 회사를 설립하겠다는 의향을 나타냄으로써 출판 유통업계의 정보화는 대번에 전진 · 발전했다. 결국 온라인 수주 · 발주망(受注發注網)이 확대되고, 트윈네트를 이용하는 정보 제공이 1996년에는 80개 사(社)에 달할 것이라고 예상되고 있다.

1995년 현재 20~50개 사 이상의 출판사와 각 도매점과의 사이에서 온라인 수발주가 실시되고 있는데, 80개 사로까지 확대되면 주문 정보의 전달이 빨라지리라 예상된다. "주문서가 바로 배달되지 않는다", "오랫동안 기다린 후에야 품절이라는 말을 들었다" 등의 불만이 해결될 것이다.

현재 출판사는 전체적으로 약 4천 3백개 사가 있는데, 상위 75개 사의 판매액이 전체의 77.9%를 차지하고 있으므로, 80개 사가 온라인화하면 거의 80%를 커버하게 된다.

POS 레지스터의 도입이 가속돼 가고 있는 지금, 한 가지 문제가 있다. 현재는 상품 코드의 주류가 바코드이기 때문에, 잡지, 만화, 문고, 신서에 관해서는 바코드 표시가 급속히 보급되어 있다. 그러나 서적은 '서적 JAN(상품 공통) 코드' 표시여서 바코드 표시가 안 되어 있다는 점이다. OCR-B 폰드가 주류이기 때문에, 값비싼 OCR 스캐너를 사용하지 않으면 안 되어, 서점이 판매 자동화 기기를 도입하는 데 애로가 되고 있다.

서점의 판매 자동화로 인해서 상품의 수발주, 정보 검색, 반품 처리, 외상 관리, 단품 관리 등 전자화는 서점 경영의 필요 조건이 되었다.

퍼스널 컴퓨터 붐과 서점의 과제

한편 「윈도우즈 '95」의 열광적인 인기에서 볼 수 있듯이, 퍼스널컴퓨터 붐은 이상하다고도 할 수 있다. 서점 점두에서도 CD-ROM 상품이나 플로피 디스크를 주는 상품이 당연한 것처럼 되었다. 즉 전자 출판물에 대한 대응이 앞으로의 서점에 주어진 과제이다.

정보 미디어로서의 활자, 영상, 사운드에 전자 출판물이 끼여든 것이다. 「고지엔(廣辭苑)」의 CD-ROM이 선도 역할을 하여 전자 출판물이 증가하고 있는데, 지난 3년간 판매액이 3백억 엔밖에 안 되어 신장되지 않았다. 퍼스컴이 연간 4백만 대 이상 팔리고 CD-ROM 드라이브가 저가격화하고 있으나, 전자 출판물의 신장률이 좋지 않은 것은 서점 점두에 매력이 없기 때문일까?

서적하고는 달라서, 내용이 보이지 않는 것이 전자 출판물의 특색이다. 책꽂이에 진열하기에는 적당치 않은 상품이다. 이대로 간다면 판매 마켓이 퍼스널 컴퓨터 가게로 이행할 가능성이 높다. 지금 당장 서점에 컴퓨터를 이해하는 점원을 두고, 전용 기기를 설치해야 한다. 컴퓨터 서적 코너와 연동하면 독자가 좋아할 것임에 틀림없다.

출판 유통 혁명의 현단계

출판물의 유통에 택배편(宅急便)의 이용이 급증하고 있다. 야마토 운수(運輸)와 구리타(栗田) 출판 판매의 제휴에 의한 북 서비스가 급성장하고 있다. 이미 연간 매출액 30억 엔을 넘었는데, 앞으로는 인터넷을 이용한 출판물의 구입, 컴퓨터 통신에 의한 책의 수발주가 활발해질 것은 불을 보듯 뻔한 일이다. 21세기의 새로운 과제이다.

재판(再販)이 폐지될 때에는 소부수 출판물이나 전문서를 구입하기가 현재보다도 더 어려워진다. 발행처와 독자를 잇는 파이프 역할을 택배편이 맡아서 하게 된다. 주문에 그치지 않고 지방, 벽지의 독서 수요를 충족시키기 위해서 택배편의 역할이 커지리라 예상된다.

출판물의 통신 판매 매출액 비율이 올라가는 것은 시대적인 요청이다. 이 현상은 출판사와 독자가 직접적인 관계를 맺는 일이요, 서점의 중간 과정을 건너뛰는 상법이 된다. 카탈로그는 해마다 많아지고, 서점이 판매에 종사하는 것이 통신판매를 도와 주는 모순을 내포하는 결과가 된다. 서점에서 통신판매를 어떻게 경영에 끌어들일 것인지를 연구하지 않으면 외부에 매출을 제공하는 결과가 되어 버린다.

서점업계를 침식하는 업계는 통신판매뿐만이 아니다. 편의점 스토어, 가판 업계가 있다. 편의점은 1994년도에 15.1%의 시장을 차지하고 있다. 잡지 매출액이 전체의 95.7%여서 거의 대부분을 차지하고 있는데, 앞으로 서적을 취급하게 되면 위협적이 될 것이다. 왜냐하면 편의점의 배달 기능은 교묘하고 정확하기 때문이다. 하루에 여러 차례 배달해 주는 일이 매력적이다. 서적의 고객 주문 상품을 배달에 실어 보낼 수 있게 되면 본업인 서점은 완전히 수치를 당하는 꼴이 된다.

이미 편의점에서는 문고, 신서를 취급하고 있고, POS 관리도 되어 있다. 서적의 특매 상품을 취급할 준비도 언제든지 할 수 있다고 보지 않으면 안 된다.

서점 주변 업종으로는 편의점과 함께 도매업 유통 경로의 대두도 괄목할 만하다. 1994년 현재의 판매 점유는 8.4%, 2천 144억 엔이다. 이런 추세라면 10%까지 도달하는 것쯤은 시간 문제다.

지하철, 사철(私鐵 : 민영 철도)의 매점, 항공 회사, 슈퍼 등에도 도매업자는 납품하고 있다. 주택지의 교외화(郊外化)로 인해서 사철 이용자가 늘어나는 오늘날, 도매 루트의 신장률은 높다. 4대 도매업 회사인 게이도쿠샤(啓德社)〔요미우리(讀賣) 신문〕, 다키야마〔아사히(朝日) 신문〕, 도토 슌요도(東都春陽堂)〔마이니치(每日) 신문〕, 도쿄소쿠바이(東京卽賣)〔산케이(産經) 신문〕는 각각 중앙 신문 판매 경호를 가지고 있어서 판매망이 크다. 신문 판매점망을 이용하여 직접 독자에게 출판물을 판매할 수도 있는 조직이다.

대점법(大店法) 규제 완화와 재판 제도 폐지 문제

규제 완화가 진행되고 있는 현재, 대점법 규제 완화와 재판 제도 폐지안은 중대한 문제가 아닐 수 없다.

대점법 규제가 완화되면 서점이 초대형화하고, 다른 기업이 대형점에 참여하는 결과를 초래하게 된다. 서점간 격차는 점점 더 심해지고, 중소 서점의 경영 환경은 한층 더 각박해질 것이다.

규제 완화 속에서 출판업계에 가장 큰 충격을 주는 것은 재판 제도의 폐지이다.

현재 시한 재판과 부분 재판이 있으나, 당장 시한 재판 상품이 많이 나돌 것은 뻔한 일이다. 독금법(獨禁法) 적용 제외가 없어지면 출판물은 법정 재판 상품이 아니기 때문에 정가의 가격 자유화가 대번에 진행된다.

극단적으로 말하면, 세이난 전기(城南電氣)나 사쿠라야 등이 특매 상품을 반값 이하로 판매하는 사태가 일어날 가능성이 크다. 중소 서점, 중소 출판사, 중소 도매점은 위기에 빠질 것이다. 독자는 전문서를 구입하기가 어려워지고, 또 점두에서 책을 선택하기가 어려워진다. 책 가격이 상승 경향이 되어, 가격의 자유화가 반드시 독자에게 유리한 것만은 아니다.

가격 파괴로 유명해진 것이 본문에서도 소개한 「BOOK·OFF」이다. 중고서적(헌책)이지만, '신고본'이라는 신간인 듯한 표현을 써서 독자를 현혹시켰다. 사업의 출발은 재활용 운동이었다. 마치 가격의 자유화가 공인되기라도 한 듯한 착각을 독자에게 주었던 것이다.

주로 만화, 문고, 신서, 베스트 셀러, 신간 문예서를 취급하는 「BOOK·OFF」는 화려한 점포에 신간 서점처럼 진열했기 때문에 신형 고본점이라 하여 주목을 끌었던 것이다.

POS의 도입, 전자 출판물의 탄생, 편의점, 도매업 판매 경로의 급부상, 규제 완화, 「BOOK·OFF」 같은 서점의 출현 등 신간 서점의 주변 사정은 급격히 변하고 있다. 서점의 상품도 변하고, 독자도 변하고 있다.

앞으로도 이러한 상태는 계속될 것이고, 서점의 전국(戰國) 시대는 한층 더 격심해질 것이다. 각 서점에 주어진 과제를 해결해 나가지 않으면, 이 격전(激戰)에서 승리하여 살아 남을 수 없다.